多点教养，让女孩的举止更优雅

DUO DIAN JIAOYANG
RANG NÜHAI DE JUZHI
GENG YOUYA

柴一兵◎编著

北京工业大学出版社

图书在版编目（CIP）数据

多点教养，让女孩的举止更优雅／柴一兵编著. —
北京：北京工业大学出版社，2016.8（2021.9 重印）
　ISBN 978-7-5639-4811-6

　Ⅰ.①多…　Ⅱ.①柴…　Ⅲ.①女性－家庭教育
Ⅳ.①G78

中国版本图书馆 CIP 数据核字（2016）第 161147 号

多点教养，让女孩的举止更优雅

编　　著：柴一兵
责任编辑：符彩娟
封面设计：胡椒书衣
出版发行：北京工业大学出版社
　　　　　（北京市朝阳区平乐园 100 号　邮编：100124）
　　　　　010-67391722（传真）　bgdcbs@sina.com
经销单位：全国各地新华书店
承印单位：唐山市铭诚印刷有限公司
开　　本：787 毫米 ×1092 毫米　1/16
印　　张：14
字　　数：200 千字
版　　次：2016 年 8 月第 1 版
印　　次：2021 年 9 月第 3 次印刷
标准书号：ISBN 978-7-5639-4811-6
定　　价：39.80 元

前　言

　　如今在家庭教育中流行一种观念："穷养儿富养女。"在这种观念的影响下，很多父母盲目跟风，并没有从根本上弄明白"富养女孩"的真正内涵，就把女孩当作"小公主"养，结果导致女孩出现了种种"公主病"，如娇气、懒惰、任性、专横等。

　　其实，对女孩而言，一个好的生活环境并不仅仅是能让她吃好喝好，更重要的是让她获得心理上的健康成长。好的教养才会给女孩带来一生的幸福，可是很多父母却忽视了这一点。

　　那么，什么是教养呢？教养，就是让一个人从年幼之时便开始学习掌握的一把立身处世的尺子，是种待人接物的艺术，是一定要明白的最基本的"是"与"非"的标准，是必须懂得的事理和常识；教养，能让一个人从骨子里飘出芳香来，是一个人的生命之曲中奏响得最动人的旋律，是一个人内在的良好的品格修养映射于外的优雅和从容之美。所以，当一个女孩拥有了良好教养的时候，她就能举止优雅，进退有度，在取舍之间能把握好分寸。在现实的环境中，她知道自己应该怎样面对未来；在人生追求的奋斗中，她知道从哪里找到提升自我的阶梯；在成功之时，她可以喜不自胜，但不会得意忘形；在失败之中，她可以黯然神伤，但不会意气消沉；为官为富为贵，她不会泯灭良知，不失恻隐之心；身为布衣匹夫，她依然会傲骨凛凛，清清白白地做人……她们虽然不一定能做到"随心所欲而不逾矩"，但是，她们能做到"吾日三省吾身"，在犯了错误之后一定会从自身去找症结，而不是怨天尤人，百般推脱责任。

教养在女孩成长中起到很重要的作用。有教养的女孩就像赏心悦目的花朵，既有美丽的形象，又有优雅的气质，一举手一投足彰显的都是足以征服世界的高贵。养育女孩也要像培育花朵一样，需要父母精心呵护和细心栽培。但是，千万不要以为你只要把女儿放在自己的羽翼下娇生惯养，她就能够成长为高贵优雅的公主。你需要做的是，从她出生开始，给她更为精细的教育。

良好的教养不是一蹴而就的，需要父母长时间地去培养，并且有足够的耐心坚持下去。德国作家格里美尔斯豪森说："没有教养、没有学识、没有实践的人的心灵好比一块田地，这块田地即使天生肥沃，但倘若不经耕耘和播种，也是结不出果实来的。"孩子就是一张白纸，在女孩还小的时候，及时在这块单纯幼稚的心田上播种良好的习惯和品德，才会收获丰硕果实，让女孩终身受益。本书旨在告诉家长不仅仅要给予女孩充足的物质条件，更要花费许多的心思和爱，用现代化的教育方法，让女儿拥有良好的教养，让她成为一个独立而优雅的高贵公主。

目　录

第三章　修身养性，有教养的女孩道德品质高

第四章　管好自己，有教养的女孩成大器

第五章　善良友爱，有教养的女孩有人情味

第六章　心理素质，有教养的女孩心态好

第七章　人际交往，有教养的女孩有人缘

第一章
注重教养，
有教养的女孩有未来

告诉女孩，什么是真正的教养

谈到教养，很多人会将它等同于"礼貌"。其实，礼貌和教养不全是一回事，礼貌只是教养的外在表现形式之一，懂礼貌和礼节的人不一定具备教养，而有教养的人通常都懂得遵守他所在环境中的礼节和礼貌。

礼貌是一个人外在的、表面的东西，是经过训练和刻意伪装就可以装出来的。而教养是发自内心的，是由环境、教育、经历等结合成的内在素质。也就是说，一个人有礼貌，讨人喜欢，但他可能内在是自私虚伪的。但当说一个人有教养时，不仅说明他的外在行为是好的，而且还说明这个人的内涵、道德品质是好的。

"教养"，在西方文化中写作"MANNER"，指的是礼貌、规矩、态度、风度、生活方式、习惯，等等。英国人认为，教养实际上是绅士的一个象征。在电影《泰坦尼克号》中，沉船之前，男士们没有忘记自己平日里所受的教育，没有放弃自己的为人原则，依然保持谦逊的绅士风度。能进入救生艇的都是妇女、儿童、老人，所有男士都很紧张、害怕，但没有人去争抢那有限的逃生机会。这就是良好的教养。

英国人曾这样诠释教养：教养不只是宴席上别把汤弄洒，更是当别人不小心弄洒汤时当作没看见。可见，教养是设身处地地为他人着想，是爱心。

主动替别人着想、顾及和尊重别人，这是一个人最起码的修养，而修养正体现在小事上。对女孩来说，考取学位和谋得一个好的职位固然重要，但与人相处时的良好习惯和修养同样重要。如果说学位、职位代表一个人的身份的话，那么习惯和修养，就是人的第二身份，人们同样会以此去判断一个人。

教养是一个人一生中必不可少的东西，一个有教养的人是讨人喜欢的人。正如一位思想家所说："一个人只要自身有教养，不管别人举止多么不适当，都不能伤他一根毫毛。他自然就给人一种凛然不可侵犯的尊严，会随时随地受到所有人的尊重，甚至财富和机遇会自动上门。"

教养是文明规范，是文明社会的道德基石。得体的教养，有助于人们获得社会认可和幸福的生活，有助于人们建立积极和谐的社会关系，也有利于表现良好的公共形象。教养的基础是理解和尊重他人，并且不妨碍他人。教养是良好的社会规范的表现，不是随心所欲，更不是唯我独尊。教养使人在善待他人的同时也善待自己。真正的教养源自一颗热爱自己和热爱他人的心灵，真正的教养不是做给别人看的，而是发自内心的。

有一个人到罗马旅游，来到一条专卖古董的大街，一家店一家店地进去看。当那个人进入一家店后，就埋头看小雕塑、小文物。那个人向一位很有风度的老先生问价钱，问了几件，老先生都说不卖。那个人很疑惑地问道："这些东西为什么不卖呢？"老先生就说："这是我的店，你进来了就在那里看，也不跟我打声招呼，我就不卖。"

由此可以看出，懂礼貌，尊重别人，才会赢得别人的尊重。有教养和礼貌是一个人起码的素养，而没有教养的人，是不会有人乐意接待的。

那么，教养究竟表现在哪些方面呢？表现在有理想、有目标；表现在肯用心、勤学习；表现在守规则、知礼仪、讲卫生。做一个有教养的人，应该自立自强，不甘落后；做一个有教养的人，应该有强烈的责任心；做一个有教养的人，就要做一个心胸开阔、善于合作共事的人；做一个有教养的人，在一个人对他人、对环境的态度上是积极向上的；做一个有教养的人，在她的服饰上就要打扮得整洁、大方、得体；做一个有教养的人，在一个人的站、坐、行以及神态等肢体语言上要得体；做一个有教养的人，还应该知道害怕和羞耻，张扬个性要有度。总之，人们应该在现实生活中注意从一点一滴的小事情做起，做一个有教养的人。

早日养成好习惯，有教养受益终身

　　教养是一种因教育而养成的优良品质和习惯，它是一些习惯的总和。教养与习惯紧密相连，良好的习惯久而久之会成为一种自觉的行动，内化为教养。要做到有教养，应该从培养良好的习惯开始。

　　那么，什么是习惯呢？

　　《现代汉语词典》上的解释是："习惯是在长时期里逐渐养成的、不容易改变的行为、倾向或社会风尚。"俄国教育家乌申斯基对习惯做了一个形象的比喻，他认为："好习惯是人在神经系统中存放的资本，这个资本会不断地增长，一个人毕生都可以享用它的利息。而坏习惯是道德上无法还清的债务，这种债务能以不断增长的利息折磨人，使他最好的创举失败，并把他引到道德破产的地步。"概括地说：一个人如果养成了好的习惯，就会一辈子享受不尽它的利息；要是养成了坏习惯，就会一辈子都偿还不完它的债务。这就是习惯！

　　习惯对于个人教养的形成和发展具有重要的意义。习惯是一个人品德所包含的外在行为的重要组成部分。虽然习惯的好坏与教养之间不存在一一对应的关系，但是，个人教养的好坏往往体现在其养成习惯的好坏方面。

　　大量的事实表明，很多人的失败不是由于能力上的不足，而是源于他们教养的匮乏和做人方面的失败。对于一个人来说，人生发展的规律是：良好的习惯形成良好的教养，良好的教养形成高尚的品格，高尚的品格成就崇高的事业，崇高的事业成就美好的人生。因此，家长一定要帮助孩子克服那些不良习惯，别让它侵蚀孩子的明天和未来。

所谓教养，在某种程度上来说，就是帮助孩子养成良好的习惯。现在很多孩子的教养有问题，多数原因是家长忽视了良好习惯的培养。从这个意义上说，良好习惯的养成在一定程度上是个人教养形成的标志，良好行为习惯是教养的外在表现形式。所以，教养其实需要从基础做起——从良好的习惯开始。

20世纪60年代，苏联宇航员加加林乘"东方"号宇宙飞船进入太空遨游了108分钟，成为世界上第一位进入太空的宇航员。他之所以能够在二十多名宇航员中脱颖而出，起决定作用的是一个微小的细节。原来，在确定人员的前一个星期，主要设计师罗廖夫发现，在进入飞船前，只有加加林一个人脱下鞋子，只穿袜子进入座舱。就是这个细节一下子赢得了罗廖夫的好感，他感到这个27岁的青年如此懂得规矩，又如此珍爱他为之倾注心血的飞船，于是决定让加加林执行人类首次太空飞行的神圣使命。

正是因为"进入飞船前先脱鞋"这个小小的习惯，充分展示了加加林的教养程度，这个习惯也使他的名字永远写在了人类航天的史册中。英国教育家洛克说："习惯一旦养成之后，便用不着借助记忆，很容易很自然地就能发生作用了。"好习惯是教养的基石。它于经年累月中，影响着我们的品德，塑造着我们的思维方法和行为方式，并且左右着我们的成败。所以说，一个人要想有所成就，取得成功，就必须养成良好的习惯。

习惯是长期养成的不易改变的谈话、行动、生活等方式上的特性，在绝大多数情形下，人们都对习惯习以为常，根本意识不到某些反复的动作或事情是习惯在起作用，习惯是自发起作用的。

据一项调查表明，人们日常活动的95%源自习惯和惯性。也就是说，我们大多数的日常活动都只是习惯而已，例如几点钟起床、几点钟睡觉，怎么洗脸、刷牙、穿衣、吃饭，说话的语气和方式，等等，一天之内上演着几百种习惯。然而，习惯还不仅仅是日常惯例那么简单，它的影响十分深远。如果不加控制，习惯将影响我们生活的所有方面。

习惯决定行为，行为产生结果。这就是习惯的作用。习惯的力量原来如此巨大，在不知不觉之中，人们的命运就被掌握在其中了，所以人们常说习惯决定命运。

教养是培养孩子养成良好习惯的教育。习惯是养成教育的产物，它往往起源于看似不经意的小事，却蕴含了足以改变人类命运的巨大能量。好习惯常常让人受益终身，坏习惯往往使人深陷泥潭。

俗话说："五岁成习，六十亦然。"这句话虽有点夸张，但也说明了从小养成良好的习惯对人的一生影响巨大。一旦养成良好的习惯，确实能让孩子终身受益。

教养是一些习惯的总和，在某种程度上，教养不是活在我们的皮肤上的，是繁衍在我们的骨髓里的。著名的教育家叶圣陶曾说过："什么是教育？简单一句话，就是养成良好的习惯。" 教养的核心是文化和品德的修养，而培养良好品德最有效的途径就是从培养良好行为习惯做起。

好的教养并非天生的，它像习惯一样是后天培养出来的。一个小孩子如果没有他人教给良好的习惯和有关的知识，必定是愚昧和粗浅的。父母要从生活的一点一滴入手，以持之以恒、坚持不懈的态度培养孩子良好的习惯。好的习惯会陪伴孩子一生，对于孩子今后的生活、学习、事业的成败关系重大，也是孩子全面发展的重要基础。所以，每对父母都要把培养孩子良好的习惯当成一件关系孩子健康成长的大事来抓。

一个人的教养来源于他的习惯，而一个人的习惯是长期养成教育的结果。如果你希望你的女孩有良好的未来，那么，就要从现在开始培养女孩良好的习惯，因为教养就是一种习惯，它是父母赠予女孩一生最好的礼物。

父母注重个人修养，女孩才能有教养

女孩是否有良好的教养，父母有重要的责任。家庭是女孩最基本的生活和教育单位，父母的言行、举动，都是女孩的模仿源。女孩最初的行为习惯都是从父母那里学来的。正如美国儿科权威医学博士斯波克所说："孩子是通过观察他们的父母来学习尊重、爱和得体的行为的。"所以，要对女孩进行成功的教育，父母应先做出榜样。

教养是一个人最基本的行为的体现。生活中，很多父母常要求自己的女孩要有教养，用"没教养"来形容那些不守规矩或品行恶劣的女孩子，可是他们自己又是如何呢？他们的言行举止真的有教养吗？也许，很多父母平时没少教育自己的女孩要讲文明，懂礼貌，但在实际行动中，却没有给女孩做出好的榜样，用行动去感染孩子。试想，他们的女孩又如何真正理解"教养"的意义呢？

我们常说，父母是女孩的一面镜子，我们还说，父母是女孩接触的第一任老师，父母的教诲会在女孩的一生中产生重大影响。如果只要求女孩怎样，却不约束自己，这样如何教出有教养的女孩？托尔斯泰说："全部教育，或者说千分之九百九十九的教育都归结到榜样上，归结到父母自己生活的端正和完善的举止。"女孩教养的好坏，关键看家长如何教育和引导。女孩是看着父母的背影长大的，父母有没有教养，永远是女孩能不能成人的前提。所以，当女孩做出一些缺乏教养的举止行为时，父母不能一味地责怪和抱怨，要先检讨自身，重新改正自己对女孩的教育观点和理念。

一个周末，妈妈带女儿去吃肯德基。快到门口的时候，女儿迫不及待地三步并做两步超过妈妈推开门，然后手一松进去了，因为女儿推门用的力比较大，所以弹簧自动门反弹的幅度也比较大，差点撞上紧跟其后的妈妈。点完餐，妈妈与女儿边吃边说："你刚才手松的时候，门差点撞上我，如果撞上我，你知道是什么后果吗？"女儿恶作剧地回答："鼻青脸肿。"妈妈变严肃了："别不当回事，如果是别人，十有八九会找你的事。"女儿说："他走在我后面，我没看见。"妈妈说："弹簧门都会反弹，你进出都要看看后面有没有人，如果有人就轻轻松手把门交给后面那位，或者等后面的人进来你再松手，那才叫有风度呢！"女儿点点头："嗯，没错！""那一会儿出门看你的表现了？""没问题！"用完餐后，女儿果然操作正确，在前面开门，等妈妈和后面的两个阿姨都出来才松手，收获了三声"谢谢"，当然也收获了风度和教养。

哪些行为有教养，哪些行为无教养，是人们约定俗成的一系列文化现象，孩子要经过观察、模仿、学习和实践才能认识和掌握，父母有目的、有意识地传授和教育是女孩掌握教养行为的重要途径，所以父母要常常主动指导和提醒女孩。

当女孩做出一些缺乏教养的举止行为时，父母应当及时阻止，并温和、耐心地进行纠正，比如，"不要对着别人打喷嚏，这是很没礼貌的"，"自己造成的垃圾要随手收拾带走"，"碰倒别人的东西要及时拾起来放回原位"等。当女孩做了有教养的行为，父母要用微笑、点头、竖起拇指等方式表示赞赏。这样一来，女孩就会将行为变成习惯，从一开始需要父母的提醒，到后来自己有意识地去做，最后变成自然而然的习惯，女孩的举手投足都透露着教养和文明。

有一天，美国第三任总统杰斐逊和他的孙子一起骑马外出。

路上，有一个奴隶向他们脱帽鞠躬，杰斐逊礼貌地脱帽还礼，但他的孙子把头扬得高高的，不理睬这黑人。

"您怎么会跟一个奴隶打招呼呢？"孙子不解地问。在他的印象里，奴隶就是奴隶，怎么可以跟总统打招呼？而身为总统的爷爷居然还还礼了！

杰斐逊听了孙子的话很生气，他对孙子说："你怎么能够让一个奴隶比你有教养得多呢？"

杰斐逊用实际行动给自己的孙子上了生动的一课。

改变女孩行为的最好的办法是父母改变自己的行为。俗话说"上梁不正下梁歪"，如果你想让自己的女孩成为一个有教养、受到他人欢迎的人，你就要以身作则，首先要做一个有教养的家长，用行动来引导女孩，为女孩树立一个良好的榜样。

随着社会的发展，一些父母对女孩的期望值不断提高，但在严格要求女孩的同时，也给自己提出了更高的要求。父母是女孩最好的老师，一举一动、一言一行，都会对女孩良好道德修养的养成产生直接的影响，在无形中感染和熏陶着女孩。著名教育家马卡连柯曾对父母们说："你们自身的行为在教育上具有决定意义。不要以为只有你们同儿童谈话或教导儿童、吩咐儿童的时候，才教育着儿童。在你们生活的每一瞬间，甚至当你们不在家的时候都教育着儿童。你们怎样穿衣服、怎样跟别人谈话、怎样谈论其他的人，你们怎样表示欢欣和不快、怎样对待朋友和仇敌、怎样笑、怎样读报——所有这些对女孩都有很大的意义。你们态度神色上的一切转变，无形中都会影响女孩，不过你们没有注意到罢了。如果你们在家庭里粗野暴躁，夸张傲慢或酩酊醉酒，再坏一些，甚至侮辱母亲，那么你们已经大大地害了你们的儿童，你们已经对儿童教育得很坏了，而你们的不良行为将会产生最不幸的后果。父母对自己的要求，父母对自己家庭的尊敬，父母对自己一举一动的检点，这是首要的和基本的教育方法。"总之，父母是女孩的一面镜子，有怎样的父母，就有怎样的女孩。父母在教育孩子的时候，千万要记得以身作则，为女孩做一个榜样，那样才能把女孩培养成为一个有教养的人。

想要女孩成为什么样的人，
就给女孩营造什么样的环境

　　家庭是孩子生活的第一环境。孩子的健康心理发展、良好个性与行为的建立以及智力的开发都将在这个环境中形成。孩子早期的家庭环境对其今后的发展是至关重要的。我国著名的爱国将领朱庆澜先生曾经说过，孩子生下来就是雪白的丝，在家里生活了几年好似第一道染缸，进了学校好似第二道染缸，毕了业来到社会好似第三道染缸。他认为关键是第一道染缸，第一道染缸染上红色底子，以后再接受好的教育就会变成大红、朱红，即使后来受到不良的影响，红底子也不会变黑；但如果第一道染成了黑底子，以后就是受到好的教育，黑色也难完全褪去，如果再受到不良影响那就是黑上加黑，永远褪不去。可见，家庭环境对孩子的身心发展所打上的烙印，在孩子成长过程中所起的重要作用，终生难以磨灭。
　　一个女孩是否有教养，与其生活的家庭环境有着密切的关系。一般说来，生活在和谐家庭中的女孩，由于家庭成员之间和睦相处、互敬互爱、尊老爱幼，孩子身心发展都是健康的，成长都是顺利的；反之，家庭成员之间如果关系紧张，经常发生冲突，也会在女孩的心理、品德、学业上产生消极的影响，个别女孩会因无法承载而离家出走、自杀，甚至走上违法犯罪的道路。因此，营造和谐的家庭氛围，优化女孩成长的环境，也是教育好女孩，促使女孩身心健康发展的重要前提。

　　200多年前，美国康涅狄格州有一个叫嘉纳塞·爱德华的人，他

很有学问而且注重自身修养，对子女教育也非常重视。至今他的家族已传8代，其中出了1位副总统、1位大使、13位大学校长、103位大学教授、60位医生、80位文学家、20位议员。在长达两个世纪中，竟没有一个后代被关、被捕、被判刑的！相反，200多年前纽约州有个名叫马克斯·莱克的人，他是一个不务正业的酒鬼、赌徒，对子女不管不教。他的家庭至今也繁衍了8代，在这8代子孙中，有7人因杀人被判刑，有65个盗窃犯、234个乞丐，因狂饮死亡或残废者多达400多人。

从上面一正一反的两个例子中可以看出，家庭环境对孩子的发展具有重要作用并影响其一生的发展。第一个例子中，嘉纳塞·爱德华家由于家庭环境和家庭教育良好，因此人才辈出；第二个例子中，马克斯·莱克由于家庭环境恶劣，从小缺少良好教育，因此，其子孙大多走上歧途。可以说，两个家族最大的区别之处就在于家庭环境。

家庭是女孩生活和接受教育的第一个"课堂"，家庭影响在女孩的一生中起着奠基的作用。女孩的心灵是洁白无瑕、天真纯朴的，生活在什么环境中就会被培养成什么样的人。家长处事的态度和作风，会父传子，兄传弟，夫妻影响，相互助长，形成一种家风。受什么样的家风熏陶，久而久之，女孩就会形成什么样的思想意识和行为规范，是好学上进，还是懒惰拖拉；是待人热情诚恳，还是圆滑世故；是做事认真负责，还是敷衍了事；等等。因此，你想要你的女孩成为什么样的人，就要给女孩营造一个什么样的家庭环境。

我国著名作家、儿童文学家冰心就是在温暖和谐的家庭中成才的，她从小沐浴在海洋般深沉的父爱、母爱里，还享有丰厚的手足之情。她与三个弟弟之间感情深厚，他们常常在一起谈天说地，谈古论今，游戏嬉闹。冰心童年时代的处境确实是难得的，它使小冰心一直沐浴在爱的家庭氛围中，使这个聪颖过人、才思敏捷的小姑娘形成了善良的心地和温柔、文雅的性格。如果说"五四"时代铺就了冰心一生的道路，形成了她文学创作的基础，那么，她这个温暖和谐的家庭，就是她获得这些成就的最为重要的原因。

冰心的家庭给我们一个重要的启示：应重视家庭生活，努力营造温暖和谐的家庭气氛。

女孩的成长需要一个宽松愉悦的环境。如果女孩出生在和谐的家庭，他们就会无忧无虑地健康快乐成长，时刻感受到家庭的温暖和关爱，有益心智、身体的全面发展。家庭中亲密的夫妻关系、和谐的亲子交往、浓烈的兄妹情谊、平等的家庭氛围，能让女孩在和谐的环境中熏陶成长，学会处理各种关系，讲文明，懂礼貌，敬重师长，关爱他人，使女孩具备热情、开朗、进取、正直、真诚等品质，生活在这种关系融洽、气氛和谐的家庭中的女孩，易得到良好的教养，形成良好的习惯。

著名教育家陶行知先生早就提出"生活即教育"，真正的教育其实蕴藏在生活的点点滴滴之中。对女孩来说，生活在一个幸福和谐的家庭氛围中，对其身心健康非常重要。女孩处于成长阶段，年龄尚小，分辨是非的能力差，但她们又对周围的一切都感兴趣，并善于模仿，家庭和周围环境的各种影响，她们往往都不加取舍地去接受。因而父母的思想、作风，平日的行为习惯、待人接物的态度以及对子女的教育方式等，都会在女孩身上留下深刻的印痕。所以，一个女孩是否有教养，与其生活的家庭环境有很大的影响，父母更有着不可推卸的责任。

日本教育家福泽谕吉说："家庭是习惯的学校，父母是习惯的老师。"事实正是如此，良好的教养来自美好的心灵，优秀的品质生成于教化和熏陶。在女孩年幼时，为她提供良好教养的土壤，那么良好的教养在女孩毕生的成长中才会发芽、壮大，最终使她的灵魂得以滋养，使她的魅力得以绽放。

需要指出的是，一个人的教养是在耳濡目染中逐步形成的，有教养的女孩源于一个有教养的家庭。因为女孩会观察父母的为人，模仿父母的言行，这是"身教重于言教"的意义所在。因此作为父母，你若想让女孩成为有教养的人，平时就要注重自己的言行举止，为女孩树立良好的榜样。

父母是女孩的第一任老师，女孩日后成为什么样的人，有什么样的喜好，以及形成什么样的性格特征及思辨能力，可以说跟家庭环境尤其是家庭中的父母有很大的关系。父母的言传身教、一言一行，对女孩有耳濡目染的熏陶作用，这种潜移默化的影响是家庭教育的基本方式，它比学习教育、社会教育要强烈、深刻得多。所以，作为称职的父母，就必须为女孩营造一种良好的家庭氛围，尊重并爱护女孩。

第二章
知书达理，
有教养的女孩
讲文明有礼貌

有礼貌的女孩人人夸

"礼貌"是人们在相互交往过程中，通过语言、表情、行为、态度表示相互尊重和友好的言行规范。生活在社会这个大家庭中，每人每天都要和各种各样的人打交道，无论是在家庭、学校，还是在社会，一个人展示给他人的首先是其文明礼貌方面的素养。要想建立起良好的人际关系，就应该先学会礼貌待人。

礼貌是社会交往中的行为规范，也是人们个人修养的显现。如果缺少了礼貌，一个人会被别人视为缺乏教养而排斥，甚至惹出不愉快的事情来。"有礼走遍天下，无礼寸步难行。"从这个意义上讲，没有礼貌的人是举步维艰的。

歌德说："一个人的礼貌是一面照出他肖像的镜子。"一个人是否有礼貌，绝不是无足轻重的小事，它表明一个人是否具有道德修养。我们有了礼貌，就有了与人交往的亲和力。有的礼仪形式看似简单，只不过是一个微笑、一声道谢、一种举手之劳，但这不起眼的表现，却可能成为我们立身处世的法宝。

礼貌是人们的道德准则，是人与人相处的规矩。父母必须教女孩养成礼貌行为。女孩虽然不是成人，但与他人交往，要有尊重他人的友善的态度。一个没礼貌的女孩是不受欢迎、不讨人喜欢的，她不礼貌的行为相当于关闭了与他人进一步交往与合作的大门。尤其是与人初次见面的时候，礼貌待人更加重要。

其实，礼貌归根结底是习惯的问题。一个不懂礼貌的女孩很可能会成长为一个不懂礼貌的女人，而不懂礼貌会使她在社会竞争中处于劣势，在工作中很难获得同事的尊重和友好协作，在生活中也不易获得友谊和自信。所以说，要想使女孩成长为有所作为的人，父母就应教女孩从小懂礼貌、讲文明。

但遗憾的是，礼貌常常被不少父母视为小节而忽视。在现实生活中，有些父母却认为，现代社会是个自由的社会，懂不懂文明礼貌没关系，只要学习好、有真本事就行了；也有些父母认为，小孩子天真无邪，长大了就会懂得文明礼貌的。其实，这些都是误解。

文明礼貌是女孩做人的"身份证"，是女孩随身携带的"教养名片"。一个有教养的女孩必然有良好的文明礼貌，这样的女孩比较受人欢迎，也就是心理学上所说的"被众人接纳的程度高"。礼貌要从小培养，否则就会形成坏习惯，一旦形成坏习惯，再改就很难了。只要父母从思想上认识到这个问题的重要性，并在生活中给女孩以正确的引导，就一定能够培养出讲文明、懂礼貌的女孩。

1.为女孩树立榜样

女孩有礼貌不是天生的，是后天培养出来的，而且女孩天生就喜欢模仿别人，所以父母要带头讲礼貌，为女孩树立好的榜样。

周末，林立夫在自家院子里除草。12岁的女儿琳琳见后，关掉电视，来到院子里帮助父亲。由于是夏天，阳光火辣辣地照在大地上，一会儿，琳琳的脸就被晒得通红，而且左手还被月季花的刺扎出了血，但琳琳毫不在意，仍然认真地帮助父亲拔除杂草。

林立夫见状，虽然心里很高兴，但他什么也没对女儿表示。琳琳的妈妈见女儿在院子里被晒得满脸通红，便拿了一顶太阳帽出来，并替琳琳戴在头上。

"琳琳，你妈给你送太阳帽，还亲自替你戴上，你怎么连一声'谢谢'都不知道说呢？"林立夫转过身来教训女儿说。

"爸爸，您总是一再要求我对别人讲礼貌，要说'谢谢'，可是我在太阳底下帮您拔草已有两个小时了，你除了抱怨我干得不够好之外，对我说过一个'谢'字没有？"

"你……"林立夫夫妻怔住在那里。

父母是孩子的第一任老师，父母的一言一行都会直接影响到女孩，无论是在语言上还是行动上，父母都要率先垂范，做好榜样。如，请女孩帮忙拿报纸、拿拖鞋时，别忘了对她说"请""谢谢"；出门上班时别忘了说"再见"；不小心撞到女孩时，别忘了说声"对不起"；送她上学，主动向老师打招呼、离开时说"再见"等。切忌言语粗俗，整日牢骚满腹或对女孩粗暴无礼等不文明的行为。

2.教女孩学会礼貌语言

教女孩学会礼貌语言，是培养她们优良道德品质的重要内容。语言美能反映一个人的心灵美与高尚的情操。女孩年龄小，缺乏社会生活和交往的经验，不懂得什么是礼貌语言，也不会使用，父母要认真地教会她们。其内容有：对父母、老师和其他年长者要称呼"您"；请求别人帮助时，要用商量的口吻说"请""劳驾"；当得到别人的帮助时，要说"谢谢"；当别人感谢时，要说"别客气"；当妨碍了别人或给别人带来麻烦时，要说"对不起""麻烦您了""请原谅"；当别人赔礼道歉时，要回答"没关系"或"不要紧"；在街头巷尾碰到同伴、长者，要说"您好"，而不能低头侧身装没看见；与别人分别时要说"再见"。

3.表扬女孩的礼貌行为

一些女孩没有养成文明礼貌的习惯，常常是因为她们忘记了该做什么，如果总是挨爸爸妈妈的批评，她们可能会对自己的努力失去信心，如果进一步习惯了这种批评而不改正，那么她们主动学习好习惯的精神就更薄弱了。所以，教育女孩较有效的办法是，及时对女孩的礼貌行为给予表扬。

具体的方法是：让女孩明白父母为什么表扬她。在表扬她的时候，应说明表扬她的原因。父母们往往只说"好孩子""真不错"，而实际上，应该具体地说："你刚才要糖吃的时候说了'请'，真是个好孩子"或者"你刚才排队等其他小朋友领完蛋糕才自己领，做得真棒"。父母的表扬要具体明确，这样女孩才知道自己的好表现会得到父母的肯定和鼓励，应该继续坚持下去。

值得父母注意的是，教导女孩有礼貌的时候可以适当地赞赏她们，但是不能盲目地赞扬她们，当她们不礼貌的时候也要适当地惩罚她们。

举止优雅，做个小淑女

举止是一个人自身素养在生活和行为方面的反映，是体现一个人涵养的一面镜子。在中华民族礼仪要求中，"站有站相，坐有坐相，走有走姿"是对一个人行为举止最基本的要求。正确而优雅的举止，可以使人显得有风度、有修养，给人以美好的印象；反之，则显得不雅，甚至失礼。

言谈举止看起来好像是琐碎小事，但是小事往往更能直接地反映出一个人的文化修养和素质。在日常生活中，我们经常碰到这样的人：他们或是仪表堂堂，或是漂亮异常，然而一举手、一投足，便可现出其粗俗。这种人虽金玉其外，却败絮其中，只能招致别人的厌恶。所以，给对方留下美好而深刻的印象，外在的美固然重要，而不俗的谈吐、优雅的举止等内在涵养的表现，则更为人们所喜爱。

常言道："小节之处见精神，言谈举止见文化。"一个人优雅的谈吐、自然的举止，不是为了某种场合硬装出来的，而应是日常生活中形成的习惯，是一种长久熏陶、顺乎自然的结果。要成为一个举止优雅的人，就要在日常生活中有意识地调整、训练自己的言谈举止，不断提高自己的个人素养。

优雅的举止是人际交往中最美丽的名片，英国作家塞缪尔·斯迈尔斯说："友善的言行、得体的举止、优雅的风度，这些都是走进他人心灵的通行证。" 有时仅仅是一举手、一伸腰、一掠鬓、一转眼、一低头在无声中反映了一个人的内涵和修养。一个拥有优雅举止的人，往往更容易在社交中受到注视和欢迎。

"少成若天性，习惯成自然。"女孩能够拥有优雅的举止大多是由于其幼年时父母的纠正和引导，只有女孩从小养成举止优雅的好习惯，才能最终成为一个举止得体的女孩。所以，父母要从女孩小时起注重培养她的举止，使女孩形成良好的举止习惯。

1.正确的谈话姿势

谈话的姿势往往反映出一个人的性格、修养和文明素质。所以，交谈时，首先双方要互相正视、互相倾听、不能东张西望、看书看报、面带倦容、哈欠连天。否则，会给人心不在焉、傲慢无理等不礼貌的印象。

2.正确的站姿

站立姿势，又称站姿或立姿。它是指人在停止行动之后，直起自己的身体，双脚着地或者踏在其他物体之上的姿势。它是人们平时所采用的一种静态的身体造型，同时又是其他动态的身体造型的基础和起点。

在人际交往中，站立姿势乃是任何一个人的全部仪态的根本之点。如果站立姿势不够标准，一个人的其他姿势便根本谈不上优美。

所谓"站如松"，不是要站得像青松一样笔直挺拔，因为那样看起来会让他人觉得很拘谨。这里要求的是站立的时候要有青松的气质，而不要东倒西歪。

良好站姿的要领是挺胸、收腹，身体保持平衡，双臂自然下垂。忌歪脖、斜腰、挺腹、含胸、抖脚、重心不稳、两手插兜。

优美的女子站立时，两脚张开呈小外八字或V字形。简言之，站立时应舒适自然，有美感而不做作。

一个人的站姿能显示出他的气质和风度。所以站立的时候，应该让别人觉得你自然、有精神，而自己亦感到舒适、不拘谨。

3.正确的坐姿

坐，也是一种静态造型。正确的坐姿可以给人以端庄、稳重的印象，使人产生信任感。我们经常会见到一些不雅的坐法，比如两腿叉开、腿在地上抖个不停而且腿还跷得很高，让人实在不敢恭维。优雅的坐姿传递着自信、友好、热情的信息，同时也显示出高雅庄重的良好风范。

所谓"坐如钟"，并不是要求你坐下后如钟一样纹丝不动，而是要"坐有坐相"，就是说姿态要端正，坐下后不要左摇右晃。正确的坐姿应该是：腰背挺直，肩放松；女性应两膝并拢，双手自然放在膝盖上或椅子扶手上。在正式场合，入座时要轻柔和缓，起座要端庄稳重，不可猛起猛坐，弄得桌椅乱响，造成尴尬气氛。不论何种坐姿，上身都要保持端正，如古人所言的"坐如钟"。若坚持这一点，那么不管怎样变换身体的姿态，都会优美、自然。

4.正确的走姿

行走是人生活中的主要动作，走姿是一种动态的美。无论是在日常生活中还是在社交场合，走路往往是最引人注目的身体语言，也最能表现一个人的风度和活力。

正确的走姿是：轻而稳，胸要挺，头要抬，肩放松，两眼平视，面带微笑，自然摆臂。

关注个人形象，注重仪表美

生活中，一个人的仪表很重要，从仪表可以看出一个人的精神状态，是人们交往中的"第一形象"。所谓仪表，即人的外表，它包括服饰和容貌等方面，是一个人精神面貌的外在体现。注重仪表是讲究礼节礼貌的表现，是对他人的一种尊重。仪表美使人们之间在思想上感情上容易沟通，有利于增进相互了解和友谊。受人尊重是人们在社交活动中最普遍的心理需要，仪表美在一定程度上起到调整人际关系、增进友谊的作用。

一位经销商曾讲过这样一故事：

A公司是国内很有竞争力的公司，他们的产品质量优良，销售业绩不错。

经销商说："有一天，我的秘书打电话告诉我A公司的销售人员要约见我。我一听是A公司的就很感兴趣，听客户讲他们的产品质量不错，我也一直没时间和他们联系。没想到他们主动上门来了，我就告诉秘书请他下午3：00到我的办公室来。

"3：10我听见有人敲门，就说请进。门开了，进来一个人，穿一套旧的皱皱巴巴的浅色西装。他走到我的办公桌前说自己是A公司的销售员。

"我继续打量着他，他穿了件羊毛衫，打一条领带，领带飘在羊毛衫的外面，有些脏，好像有油污，黑色皮鞋，没有擦，看得见灰土。

"有好大一会儿，我都在打量他，心里在开小差，脑中一片空白。我听不清他在说什么，只隐约看见他的嘴巴在动，还看见他不停地放些资料在我面前。

"他介绍完了，没有说话，安静了。我一下子回过神来，我马上对他说把资料放在这里，我看一看，你回去吧！

"就这样我把他打发走了。在我思考的那段时间里，我的心里没有接受他，本能地想拒绝他。我当时就想我不能与A公司合作。后来，另外一家公司的销售经理来找我，一看，与先前的那位销售人员简直是天壤之别，这个销售经理精明能干，有礼有节，是干实事的，我们就合作了。"

外表对一个人而言，就好比商品的外包装。包装纸如果粗糙，里面的商品再好，也会容易被人误解为廉价的商品。在社会交往中，人们首先是通过仪表开始相互认识的。在最初的交往中，仪表往往比一个人的档案、介绍信、证明、文凭等的作用更直接，更能产生直觉的效果。对方往往通过仪表来判断一个人的身份、地位、职业、学识、个性等。外表给人的第一视觉印象常常会使人形成一种特殊的心理定式和情绪定式。修整得体的仪表能够给人留下深刻的印象，无形地左右着人们相互交往的进展与深度。从这个意义上说，仪表美是社交活动的"通行证"。

对于女孩来说，注重仪表之美，也是一件十分重要的事情。在人际交往中，女孩拥有得体的仪表，才能够给人留下好的印象，她们内在的美才更容易被别人欣赏和发觉。当然，我们提倡女孩注重仪表美，并非是说要给女孩穿华丽的服饰，更不是把女孩打扮得油头粉面，而是让女孩从小能够养成注重卫生的习惯，学会正确着装。也就是说，作为家长，我们需要做的是培养女孩正确的审美观，帮助女孩养成整洁得体的好习惯。

爱美之心人皆有之。追求美，衣着讲究甚至打扮得漂亮些，都是可以理解的，但是不能由此引发一些攀比、赶时髦之类的不正之风，否则就会给女孩带来消极的影响。父母必须让女孩深刻认识到，她们目前还不是物质劳动者，不应该为了一些徒有其表的东西浪费父母的血汗钱，这样既影响了自己的学习，还会给经济不充裕的家庭带来困难。真正的美应该以保持大方、得体的外表为前提，这是个人内在修养的一种体现，同时也是对他人的一种尊重。

良好的仪表是一种修养。生活中，父母可以通过保持女孩的仪表整洁干净，使女孩看上去更可爱，更讨人喜欢。也可以教给女孩基本的仪态规范，使孩子看起来更优雅。没有人喜欢跟邋邋遢遢的人交朋友，保持女孩整洁的仪表，会使女孩更受欢迎。因此，从小注意女孩仪表大方，把女孩打扮得整洁、天真活泼、漂亮一些，这对发展女孩的向上品格和自尊心都有良好影响。

1.保持整洁干净

无论是父母还是孩子，形象始终是一个人的无字招牌。有一个干净整洁、精神抖擞的外在形象，无疑会增加自信心，与人交往起来也能带来极大的便利。所以，父母应教会女孩保持良好的外在形象。

　　　　一个小学生，假期时被妈妈送回农村奶奶家住。女孩和农村的小伙伴们玩得不亦乐乎，一个假期下来，脸也晒黑了，头发也长长了，妈妈来接她的时候差点没认出来。

　　　　开学不久，妈妈就发现她总是挠自己的头，仔细一看原来她头发上生虱子了，就赶快帮她清理。

　　　　就在那几天，孩子的情绪很低落。妈妈问明原因后才知道，女孩在学校头发痒，挠来挠去的，周围的同学就嫌弃她。当她把头发生虱子的情况向不知情的同学解释时，同学们更是诚惶诚恐，即使她再三向同学说"只要清理就会好起来"，同学们也依然表现得很警觉。

　　　　母亲看到孩子如此沮丧，一边安慰，一边买来功效性的洗发水，进一步帮女孩清理……没几天，女孩的头发跟以前一样健康干净了，女孩也渐渐地恢复了往日的自信和笑容。

　　从这个事例中，父母应该了解：女孩虽然年纪小，但都喜欢和干净的人交往，女孩如果看到小伙伴衣服很脏、头发很乱、鼻涕拖得很长，不自觉地就会选择回避。所以，父母要帮助女孩保持干净整洁的外观。

　　整洁、卫生是树立良好的个人形象的首要条件。要使仪表大方，首要一点必须保持整洁。女孩的头、面、手指、衣服、鞋袜都要干净、利落，早晨和午睡起来要梳头、洗脸，洗脸不忘擦洗耳朵和脖子，勤剪指甲勤剪头，定时更换衣服，及时换脏衣服。同时，要注意培养女孩自己慢慢学会料理，养成爱整洁的好习惯。

　　2.告诉女孩，什么是真正的仪表美

　　美是什么？美是给人愉悦的体验和感受。仪表美首先要给人以美好的感受，符合自己的年龄特征、身份和职业要求以及特定场合时，才可以说是美的。所以，女孩的仪表应该符合女孩的身份、年龄特点，以面容整洁、衣着得体、发型自然、仪态大方为主。具体地，对女孩来说，不染发、不烫发，不佩戴手链、项链、耳环等饰物，不涂脂抹粉等。

3.为女孩做出榜样

生活中，家长要注意自己的身教作用，以自己得体的装束、文明的举止、模范的行为去告诉女孩，这样做才是美的。这就是所谓的"言传不如身教"。

不说脏话，做个有教养的女孩

女孩在模仿中长大，从第一次喊"爸爸、妈妈"开始，慢慢地学会了说话，但是，随着女孩语言能力的增强，一些女孩不该说的脏话、粗话，也随之出现了。

丽丽曾是个活泼可爱的女孩，但是现在变了。她在跟别人说话的时候，常会冒出一两句脏话来，比如"你是蠢猪啊""赶快滚蛋"之类的。一次，妈妈带她一起去参加朋友聚会，她带了一个芭比娃娃的玩具去玩。有一个姓王的阿姨见她好玩，就跟她说："丽丽，你的芭比娃娃怎么玩，教我好不好？"丽丽很高兴地答应了，然后教王阿姨一起玩。教了几遍之后，王阿姨装作还是不懂的样子，故意逗丽丽，结果她不耐烦了，抢过自己的玩具，说道："你怎么笨得像猪一样，赶紧滚开吧！"听到之后，丽丽妈妈当时真的是超级尴尬，王阿姨脸上的表情也瞬间定住了，然后假笑几声，去了洗手间。

妈妈随即严厉地教训了丽丽，她也哭哭啼啼地承认了错误，并保证不再说此类的话。可是，还没过一天，她嘴里又开始时常地蹦出脏话了。

现实生活中，这样的现象并不少见。而当你的女孩突然说了脏话，你在吃惊之余，教育女孩认识到骂人的坏处了吗？你是否注意平时的生活环境对女孩的影响以及注意教导女孩文明礼貌对一个人的重要性？

生活中，成人说脏话，听的人如果习以为常，没有人会去思考脏话的含义，最多觉得厌恶，话不投机半句多，扭头走开了事。有些脾气大的人就会恶语相向，甚至产生暴力冲突。但对于好奇、好模仿而又涉世未深的女孩，那可是天大的灾难！

有人做过一份调查，结果显示有相当一部分的小学生平时经常说脏话，有些学生因一点儿小矛盾就对骂，有的已成习惯，张嘴就带脏字。这不能不引起父母的重视。

的确，女孩骂人、说脏话，很令父母头疼。但父母也应该认识到，在成长的过程中，几乎所有的女孩都骂过人，这是成长的必经阶段。一般来说，造成女孩骂人的原因主要有三个：一是女孩对于事情没有是非对错的概念，她们说脏话都是无心的，只是从大人那儿模仿而来，觉得好玩，就开始说脏话；二是女孩模仿他人说脏话，但没有得到父母的有效制止，女孩说脏话就逐渐转变为一种习惯；三是被迫说脏话，因为孩子的自我意识还不是很强，于是她们就会用学来的某些言语来形容事物，或者是来发泄自己的情绪，比如，对于反应慢的小朋友，她们会用"笨猪"来形容。

说脏话是一种不文明的行为，是缺乏教养的表现，它直接影响到人与人之间的交往。但是，有些父母却对女孩说脏话的行为熟视无睹，尤其是听到那些刚开始学说话的幼儿偶尔学说一两句脏话时，还感到很有意思，这是错误的，日长时久，女孩就很容易养成说脏话的恶习。对此，父母一定要引起重视，从小纠正女孩说脏话的习惯。

1. 及时制止女孩说脏话

小燕的家里有一个不成文的规定：谁要是说脏话，其他人就用异样的眼光盯着他，直到他认错为止。这个方法是妈妈想出来的。有一次，小燕和一个同学发生了不愉快，回家就向妈妈发牢骚，并说了几句很不好听的话。妈妈当即用很尖锐的目光盯着小燕，小燕意识到是自己说了不该说的话，赶快打住了。

　　当女孩在你面前说脏话时，你的做法应是及时地予以制止。因为如果你一开始就采取否定的态度，女孩会敏感地从你的眼神、表情和语言中捕捉到信息："这句话是不可以说的。"因此，对于经常说脏话的女孩，父母可与女孩达成一种默契：当女孩因气愤而想发泄时，父母用某种事先约定好的语言或目光暗示女孩，女孩这时就应冷静地想一想。女孩在这种情况下，冷静一分钟，就会考虑如何文明地表达自己的意思，把不文明的语言过滤掉。坚持这种在父母配合下的女孩自我教育训练，有利于女孩逐步纠正说脏话的不良习惯。

　　2.正确引导，摆正态度

　　小玲是一个爱说粗话的孩子，特别是对待爷爷奶奶很不礼貌。一个周末，妈妈说要带她去爷爷家玩，小玲不愿意去，随口便说："老家伙家里没有网络，我才不愿意去呢？"妈妈听了非常生气，严肃地对她说："你可以不去，但是你说的这句话我不能接受，换个词再说一遍！"小玲看到妈妈那张严肃的面孔，低头说道："爷爷家里没有网络，我不愿意去，可以吗？"通过这个方法，慢慢地，小玲知道哪些话该说，哪些话不该说，现在坏毛病已基本上改掉了。

　　孩子说脏话固然不好，但父母不妨通过这个契机，帮助孩子树立是非观念，告诉他哪些词是不好的，别人不喜欢听，不能用；哪些词是好的，大家喜欢听，可以用。孩子也只有把好的和坏的词都学到了，才能进入树立是非观念的时期。另外，在我们批评孩子的时候，要注意用词文明，不可以在批评中也掺杂脏话、粗话。

　　3.教育女孩正确对待与他人的摩擦

5岁的男孩童童和邻居家女孩小雅在花园里一起玩耍时，童童搬着小椅子不小心碰到了小雅。童童并没有在意，继续玩耍。这时，小雅冲上来对童童破口大骂，此时，小雅的妈妈正在不远处和别人聊天，看到后，马上过来制止小雅，小雅气呼呼地说："谁让他碰我了，他碰我我就骂他！"妈妈很生气，不由分说就照着女儿屁股上打了几下。这下好了，小雅闹个不停了。对女儿这样的骂人行为，小雅妈妈打也打过，训也训过，就是没有纠正小雅好骂人的坏习惯，对此她感到很苦恼。

从这个事例可以看出，女孩说脏话，父母通过打骂的方式是解决不了问题的。要知道，在多数情况下，女孩骂人是对自己受到伤害的一种宣泄反应，如东西被他人偷走、被他人撞倒时，往往就会骂人。父母应教育女孩以善良之心看待与他人的摩擦，让女孩明白地球很拥挤，随时都会发生不愉快的事情，使女孩学会宽容他人的过失，不要为这些小事而生气、赌气。

4.为女孩做出表率

有一个上初二的女孩，满口脏话，经常欺负班里其他女生，甚至对女老师也很不恭。班主任老师联系了她的妈妈，没想到她的妈妈却对老师哭诉这孩子如何对自己无礼。班主任老师于是苦口婆心地教育这个女孩要讲礼貌，但收效甚微。有一天，班主任到女孩的家里去家访。开门迎接老师的是女孩的父亲，班主任老师随口问了声女孩的母亲在哪里，孩子的父亲则轻蔑地说："还瘫在床上呢，死猪婆！"班主任老师马上就明白了女孩不讲礼貌的根本原因。

父亲如此当着女孩的面侮辱自己的妻子，而且不顾有外人在场，女孩怎么可能讲礼貌呢？班主任老师非常愤怒，当着女孩，批评了这位父亲。这位父亲也意识到自己的行为对女孩的不利影响，后来学会了尊重妻子，不讲粗话。这个女孩也越来越礼貌了。

其实，女孩说脏话与大人有一定关系。有些父母由于生气，批评女孩时粗话脱口而出，这不但伤害了女孩，也可能成为女孩的负面教材。父母虽然有时是不经意的，但耳濡目染，女孩慢慢就习惯成自然。因此，父母应该提高自身的修养，为女孩做出良好的榜样。如果父母可以管住自己的嘴不说粗话，女孩的可塑性很大，相信只需要不长的一段时间，女孩一定可以杜绝讲粗话。

犯了错要道歉，让女孩学说"对不起"

"人非圣贤，孰能无过。"在生活中，倘若自己的言行有失礼不当之处，或是打扰、麻烦、妨碍了别人，最聪明的方法，就是及时向对方道歉。衷心道歉不但可以弥补被破坏了的关系，而且还可以增进彼此的感情，体现一个人的教养。正像子贡所说："过也，人皆见之；更也，人皆仰之。"

学会道歉是一种礼貌，也是一项重要的社会技能，真诚的道歉将会使人们感受到人与人之间最美好的情感。有名人说过："世上最难做的一件事，便是承认自己错了。要解决这种问题，除了坦白承认错误，没有更好的办法。"倘若你发现自己错了，如果不及时向别人道歉，甚至还千方百计找借口为自己辩解，会让事情变得更糟。这时，你不仅得不到别人的谅解，相反，还会受到道德上的谴责和人格、形象上的损害，甚至激化你和别人之间的矛盾，让你成为众矢之的。因此，任何人都不能小看道歉的作用。

很多时候，一个简单而真诚的道歉，可以化干戈为玉帛。然而，这样的生存技巧，却很容易被人忘记。所以，当做错事情的时候，一定要学会道歉。如果我们每个人都能做到犯错后及时承认并道歉，不必要的矛盾、纠纷就会大大减少，整个社会的人际关系也会和谐很多。

　　每个人都会犯错误，而犯错误后的唯一选择就是道歉，但是说声"对不起"并不是很容易的事。生活中，人们不愿意主动道歉，可能是受了传统观念的影响，也可能是对道歉的理解存在误区，而最主要的原因，可能是不少人从小就没有建立起向别人道歉的习惯。美国著名的婚姻家庭问题专家盖瑞·查普曼博士曾说："孩子在很小的时候就能学会道歉的语言，随着年龄的增长，他们对道歉的重要性会有更深的领悟和理解，为今后的道德和人际关系发展奠定基础。"因此，让女孩学会道歉是一门必不可少的功课。当女孩有错误的行为产生时，父母需要在第一时间教导女孩正确的行为以及勇于认错的态度，让女孩在小的时候就养成好的行为习惯，并让此习惯变成自然。

　　1.犯了错误要立即道歉

　　　　9岁的鑫鑫打疼了一起玩耍的表哥，但是又拒绝道歉，妈妈把她关进了自己的房间反省，直到她愿意说"对不起"了才可以出来。鑫鑫非但没有觉得自己做错了事，反而觉得全世界都在欺负她，于是坐在小床上号啕大哭。一个小时以后，哭得没有力气也没有希望的鑫鑫终于从房间里挪出来，嘴里咕哝了一句"对不起"。虽然有些不情愿，但是鑫鑫毕竟完成"任务"了，生活终于能继续了……

　　很多时候，女孩犯了错误，父母就会采用责骂和殴打等形式来逼迫女孩认错。这样粗暴的方式不仅不能帮助女孩认识到错误，还会伤害女孩的自尊心。所以，父母切不可对女孩动辄责备，应耐心地告诉女孩为什么错了，错在哪里，需要如何做才正确。只有女孩明白了这些道理之后，她们才会主动认错道歉。

　　2.教女孩敢于承担责任

　　　　华盛顿是美国第一任总统。当他还是孩子的时候，砍掉了他父亲的两棵樱桃树。父亲回来了，非常生气，暗自思量："如果我查明谁砍了我的树，我要狠狠揍他一顿。"父亲到处询问，当他问起儿子华盛顿时，华盛顿开始哭了起来。"我砍了你的树！"华盛顿和盘托出。父亲没有生气，反而抱起他的儿子说："我好聪明的孩子，我宁愿失去一百棵树，也不愿听你说谎。"华盛顿知道父亲的脾气，但他还是主动向父亲认错，意外的是他的父亲赞扬了他。长大后，华盛顿成为美国第一任总统和军事家。他牢记着：做人最重要的是诚信，要敢于承担。

有效的道歉不是一种为自己狡辩的伎俩，更不是要去骗取别人的宽恕，你必须要有责任感，勇于自责，勇于承认过失，才能够真心地道歉。有些孩子明知道自己有错却百般抵赖，这是一种不负责任的表现。因此，父母应该教育女孩，只有懦夫才会逃避责任，一个真正有勇气的人，在自己犯了错误以后，会说明犯错的原因，但绝不能找借口逃避责任或者把责任推给别人。同时，父母还应该让女孩明白她不会因为认错而受到处罚，并且在女孩承认了错误之后就应该表扬她的认错态度，告诉女孩："每一个人都会做错事，但知错能改就是好孩子，如果不承认错误或者找借口就不对了。"这样孩子慢慢就会明白：做错了事并不可怕，关键在于做错了事要勇于承认自己的错误并且改正错误。

3.要为女孩做榜样

生活中，有不少父母认为向孩子认错、道歉，会失面子，失去自己的权威。其实不然，父母学会向孩子"道歉"，对教育子女大有裨益。如果父母有了错误，能主动向女孩道歉，那么当女孩有错误时，她也会仿效，主动承认错误，主动道歉。

爱笑的女孩子，人生不会太差

微笑是现代人交往中最起码的礼貌。一个懂礼貌的人，会让微笑之花永远开放在他的脸上，使接触到他的人感到亲切、愉快。善于微笑的人，通常是快乐的且有安全感的人，也常能使别人感到愉快，是礼貌的表现。

每个人都愿意面对一张微笑的脸，看到别人的微笑，我们会觉得别人对自己很友善、和蔼可亲、彬彬有礼。一个会微笑的人，无论走到哪里都是受欢迎的。

在美国，曾经发生过这样一个真实的故事。

美国加州一个六岁的小女孩，在一次偶然的机会中遇到一个陌生的路人，陌生人一下子给了她四万美元的现款。

一个女孩突然得到这么大金额的馈赠，消息一传出，整个加州都为之疯狂骚动起来。

记者纷纷找上门，访问这个小女孩："小妹妹，你在路上遇到的那个陌生人，你真不认识吗？他是你的一位远房亲戚吗？他为什么给你那么多钱？四万美元，那是一笔很大的数目啊！那位把钱给你的先生是不是脑子有问题……"

小女孩露出甜美的微笑，回答说："不，我不认识他，他也不是我的什么远房亲戚，我想……他脑子应该也没有问题。为什么给我这么多钱，我也不知道啊……"尽管记者用尽一切方法追问，仍然无法探个究竟。

这个小女孩努力地想了又想，约莫过了十分钟，她若有所悟地告诉父亲："就在那一天，我刚好在外面玩，在路上碰到那个人，当时我对他笑了笑，就只是这样啊。"

父亲接着问："那么，对方有没有说什么话呢？"

小女孩想了想，答道："他好像说了句'你天使般的微笑，化解了我多年的苦闷'。爸爸，什么是苦闷啊？"

原来那个路人是一个富豪，一个不是很快乐的有钱人。他脸上的表情一直是非常冷酷而严肃的，整个小镇根本没有人敢对他笑。他偶然遇到这个小女孩，小女孩对他露出了真诚的微笑，使他心中不自觉地温暖了起来，让他尘封了不知多少年的心扉打开了。

于是，富豪决定给予小女孩四万美元，这是他对那时候他所拥有的那种感觉定出的价格。

微笑是世界上最美丽的表情，是世界上最动听的语言。没有什么东西能比一个微笑更能打动人了。不管是与陌生人，还是熟悉的人，相互微笑是一种礼貌的行为，将微笑常挂脸上，能够给人亲切的感觉，并使人产生愉快的情绪，是彼此重视和尊重的表现。

英国诗人雪莱说："微笑，实在是仁爱的象征，快乐的源泉，亲近别人的媒介。有了笑，人类的感情就沟通了。"确实，微笑可以缩短人与人之间的距离，化解令人尴尬的僵局，拉近彼此的心灵，使人产生一种安全感、亲切感、愉快感。当你向别人微笑时，实际上就是以巧妙、含蓄的方式告诉他，你喜欢他，你尊重他，他是一个受欢迎的人。这样你在给予别人温暖与鼓励的同时，别人也会觉得你是一个有教养的人，进而博得别人的尊重与喜爱。

微笑，虽然只是一个简单的表情，但是很多人可能都做不到。的确，对于成人而言，要养成或改变一种习惯是非常困难的，但是对于成长期的女孩来说就不一样了，这个时期是习惯养成的关键时期，如果在这个时候你能够教导你的女儿如何对别人微笑，那么她将会因此而受益终身。这种微笑教育可以说是教养的一个重要组成部分。

生活是一面镜子，你对着它笑，它也对着你笑。一个微笑面对生活的孩子，总是乐观自信、积极进取的。国外教育学家多罗茜·洛·诺尔特曾说："如果一个孩子生活在批评之中，他就学会了谴责；如果一个孩子生活在敌意之中，他就学会了争斗；如果一个孩子生活在鼓励之中，他就学会了自信……"由此可知，如果一个女孩生活在微笑之中，她自然也就学会了微笑。所以，父母要从小给女孩种下微笑的种子，塑造形象上的亲和力，以此来培养女孩健康的心理和健全的人格。

1.不要吝啬对女孩微笑

微笑是世界上最美好的语言。生活中，父母首先要做到多微笑，并以此去感染女孩，让女孩在一种和谐友好的氛围中成长。如果父母不能以身作则，不能用微笑表示宽容和友善，那么女孩也就很难养成微笑的良好习惯。

有一位妈妈接自己的女儿放学。在回家的路上，妈妈这样问女儿："教数学的李老师好，还是教语文的张老师好？"女儿回答说："张老师好。""为什么呢？""因为张老师天天对我笑。"

在女孩的心中，只要老师天天有笑脸，就是好老师。因笑而得女孩这样高的评价，可见笑的分量。只要对女孩投以微笑，她们就满足了。教育最需要微笑，女孩也需要微笑的老师和父母。父母在教育女孩的过程中，不要把自己的不满写在脸上，而应该用微笑的方式与女孩沟通。

每天早晨醒来，父母都用最灿烂的笑容跟女孩说早上好；拥抱女孩的时候，都以最满足的笑容跟女孩说"妈妈（爸爸）爱你"；对于女孩取得的成绩或者付出的努力，都要微笑着表示赞扬和鼓励。微笑会给女孩无限的理解和信任，让女孩感到巨大的热情和愉悦。微笑传达着一份信任与理解，蕴含着一种真诚与关爱，代表了一份支持与赞许，可谓此时无声胜有声！这微笑印在父母的脸上，更融入了女孩们的心中。久而久之，在耳濡目染中女孩也会带着微笑面对现实多彩的生活。所以，请给予女孩微笑的教育，对女孩保持那最真诚、最美丽的微笑吧！

2.教会女孩如何微笑

"真诚的微笑"是有教养的沟通和交往的标志。也许你的女儿缺乏沟通技巧，拙于人际交往，而"真诚的微笑"一定能够弥补她的某些不足。

真诚的微笑是发自内心的，而不是皮笑肉不笑。只有真诚的笑才是最自然、最亲切的，因此父母要告诉女孩，不要没笑装笑，更不要强颜欢笑。例如，捂着嘴笑，会让人感觉很不自然；吸着鼻子冷笑，会让人感到阴沉；扬起嘴角来只笑"一半"，会令人感到虚伪。另外，与人交往的过程中，不要假笑、冷笑、怪笑、媚笑、怯笑、窃笑、狞笑等；要始终记住，微笑是给对方展现的一种礼节和尊重，如果不注意程度，则会适得其反了。此外，教会女孩微笑，还应该每时每刻、随时随地进行练习。

当女孩认识了新的小伙伴时，向新伙伴微笑一下，让伙伴感受到你的友好。

当女孩获得了同伴的赞同时，请回报他一个微笑，以表示你的接纳和感谢。

当与伙伴发生误会时，请向他微笑一下，表示你的歉意和友善地请求原谅的态度。

当女孩想加入同伴的活动中时，也请微笑一下，以获得伙伴们的接纳和欢迎。

当女孩向别人表示问候时，先给对方一个微笑，这种效果比说上很多好听的话语更有效。

当女孩获得老师的赞扬时，要对老师微笑，以表示自己的感谢之情。

3.教女孩用微笑面对生活

微笑是对生活的一种态度。生活中不仅仅有高兴的事情，也有许多令人难过的事情，不管怎样，都应该积极地、乐观地面对。父母要善于教育女孩，面对开心的事情要学会微笑，把快乐传递给周围的人，还要在面对不开心的事情时，学会乐观，微笑着面对生活中的困难，做一个坚强的、勇敢的女孩。

有一个活泼可爱的小女孩，尽管她长着满脸雀斑，但她却没有丝毫的忧愁，她开朗而乐观，无论什么时候看到她，都能见到她满脸的笑意。她的父母也是同样一副面孔，那种微笑似乎是他们永远不变的表情。

这一天，小女孩特别兴奋，因为她要去参加好朋友的生日宴会了。她早早就穿上漂亮的牛仔靴、黑色的牛仔裤，这是妈妈为她新买的衣服，她又戴上爸爸送给她的牛仔帽，简直帅极了，最让她激动的是，她要骑一匹真正的小马去参加宴会。

然而，天公不作美，11点半，天气突然变了脸，狂风大作，大雨如注。她只好静候在窗前，等待暴雨结束。这时，妈妈走了过来，告诉她由于天气的缘故，宴会取消了。她一下子没有了笑容，眼泪在眼圈里转了半天。妈妈也很难过，不过她微笑着说："宝贝，我们今天可以在屋里子做'寻找公主'的游戏了。"

小女孩随即高兴起来，她说道："我敢打赌，下个星期六一定是个骑马的好日子，到那时，我要骑马去玩。"

她就是美国著名的女企业家拉塞尔·合姆。

雨果说过："生活，就是理解。生活，就是面对现实微笑，就是越过障碍注视将来。"只有心里有阳光的人，才能感受到现实的阳光，如果连自己都常苦着脸，那生活如何美好？生活始终是一面镜子，照到的是我们的影像，当我们哭泣时，生活在哭泣，当我们微笑时，生活也在微笑。人生在世，痛苦和挫折在所难免，从小善于微笑的女孩，长大以后必然会用微笑的态度对待生活，用幽默的态度对待遇到的一切困难。所以，我们应教会女孩用积极的态度对待生活，用微笑去面对困难。

给女孩上一堂价值百万的礼仪课

礼仪是人类为维系社会正常生活而要求人们共同遵守的最起码的道德规范，它在人们的长期共同生活和相互交往中逐渐形成，并且以风俗、习惯和传统等方式固定下来。对一个人来说，礼仪是思想道德水平、文化修养、交际能力的外在表现，对一个社会来说，礼仪是文明程度、道德风尚和生活习惯的反映。

自古以来，中国以礼仪之邦所著称，东亚诸国也深受中国传统礼仪的熏染，例如朱熹的《朱子家礼》催生了保留至今的韩国礼仪，韩国人的生活也在很大程度上保留着中国古代礼仪的痕迹。

生活中有很多这样的例子：仅仅因为一个礼节的细节疏忽，便使自己的形象在别人的心目中大打折扣。一般人认为：这不过是一些小节、细节，无碍大雅。然而，举不胜举的事实证明，就是这些小节，往往决定了事情、事业的成败，分辨出了人的文明教养程度。

礼仪是个人美好形象的标志，是一个人内在素质和外在形象的具体体现。内强素质外塑形象，如果我们时时处处都能以礼待人，那么就会使我们显得很有教养。

"做人先学礼"，礼仪教育是人生的第一课。古代人就有"不学礼，无以立"的说法，就是说从小不学好礼仪，长大之后处身立世就会比较困难。

巴特莱先生是英国伦敦的一家人事介绍所主管，他从多年的人事管理中总结出这样一条经验：礼仪在任何场合都是有百益而无一害的。

巴特莱曾替某大公司招聘推销员，有200多人报名应聘，但巴特菜没有进行任何笔试，只是把应聘者依次叫入面试室，面对面地交谈，当场便决定录用了5人。

巴特莱先生说，根据应聘者最初会见时的言谈举止来看，其中80%的人都对文明礼貌毫不在意。"有人一进门连招呼都不打就拉椅子坐下，好像准备由我请他吃饭；有人边说话边把唾沫喷到你脸上而他自己毫无察觉；更有人一坐定便两腿抖动个不停，使人浑身不自在。"

礼仪是修养的外衣，一个有教养的人身上必定有良好的文明礼仪；相反，在一个缺乏教养的人身上，勇敢会成为粗暴，即使有渊博的学识也会显得迂腐和卖弄，机智会成为诋毁，纯真也会成为粗鲁无知。以礼待人既体现出对他人的尊重，也反映了人与人之间平等与友好的关系。一个懂文明礼仪的女孩，将来必定有卓越的成就。所以，父母要赶快行动起来，抓紧时间把女孩培养成有教养、有礼貌的"小淑女"。

1.待客礼仪

每个家庭都会有客人来。父母要试着让女孩学会以主人身份招待客人，注重礼貌待客。

（1）亲友来访时，听到敲门声要说"请进"；见了亲友按称谓主动亲切问好，然后帮客人拿拖鞋、倒水、让座。

（2）家里有客人来，应该把自己的空间收拾整洁，要注意个人的仪容与仪表。

（3）当大人谈话时，小孩不应随便插话。

（4）小客人来，应主动拿出玩具与小客人玩。

（5）客人起身告辞时，要站立起来，随同家长一起送客，客人离开之后再关门。

2.日常个人礼仪

（1）仪容仪表整洁干净，头发、脸部、脖颈、牙齿、手部等经常见人的部位都应当洗得干干净净；指甲经常剪，不在陌生人面前嚼口香糖；

勤洗澡、常换衣，不让身体有异味。

（2）古人对标准的仪态曾经概括为："站如松，行如风，坐如钟，卧如弓。"这话今天仍然适用。走路时身体直立，挺胸收腹，避免明显的八字脚，切忌懒散、耸肩、塌腰。在正式场合不能叉腰或双手交叉，坐姿不能半躺半坐、摇来晃去或者搭个二郎腿。

（3）表情神态要表现出对人的尊重、理解和善意，切忌随便剔牙、掏耳、挖鼻、搔痒、抠脚等不良动作。

（4）谈吐时态度认真，说话简明得体，不能沉默不言，更不能喋喋不休，多倾听对方讲话。与别人交谈时切忌东张西望、翻看东西。

3.公共场所礼仪

在公共场所，要遵守道德规范，遵守礼仪。对于女孩来说，她们年龄尚小，并不清楚什么是公共礼仪，也不明白为什么要遵守这些礼仪，更不懂得该如何遵守公共礼仪。所以，父母有责任及时教给女孩在公共场合应注意的礼仪，让女孩了解这些秩序和规则。女孩显得有教养，父母脸上自然光彩。

（1）公共场合不大声喧哗，不乱跑乱动，不随地吐痰，不乱扔垃圾，不当众撒泼。

（2）乘车时，遇到老弱病残人士以及孕妇和抱小孩的人，要学会主动让座。注意保持车内的整洁，如果制造了垃圾，要自觉用袋子装好扔到垃圾袋里面，不要扔到窗外。在车厢内，不要乱蹬、乱踏。

（3）买东西或者玩娱乐设施要排队，不插队，不乱挤。

（4）无意中做了冒犯别人的动作，要及时主动道歉。

第三章
修身养性，
有教养的女孩
道德品质高

传承美德，做个正直的女孩

做人最基本的一条准则就是正直，它是做人的一种美德。著名的建筑师弗兰克·劳埃德·赖特曾经对美国建筑学的师生们发表讲话，他说："什么是一块砖头的名誉呢？那就是一块实实在在的砖头。什么是一块板材的名誉呢？那就是一块地地道道的、名副其实的板材。什么是人的名誉呢？那就是要做一个正直的人。"

正直的品质并不是与每个人的生命息息相关的，但它却成为一个人品格的最重要方面。正如一位古人所说的：即使缺衣少食，品格也先天地忠实于自己的德行。具有这种正直品质的人，一旦和坚定的目标融为一体，那么他的力量就可惊天动地，势不可当。

正直使人们具有坚持原则和正义的力量。这一点包括有能力去坚持你认为正确的东西，在需要的时候义无反顾，并能公开反对你确认错误的东西。

社会所需要的是"正直、诚实、坦率且言行一致的人"，当然，仅仅做到诚实与正直还不足以成功，但是如果你想成功，就不要忘记打出诚实、正直这张牌，只有这样，你才能拥有足够多的支持与信任。

正直是我们应始终坚持的做人根本，只有行得正，才能立得稳，永远做正直的人，永远做正确的事。做正直的人就是做一个坚持原则、尊重科学、实事求是的人；做正确的事意味着做代表大多数人利益的事，即个人利益服从团队利益。正直的人都是道德水准较高的人，他们为人处世表现的正气能够影响到周围的每一个人。在他们的周围，歪风邪气难以存活，是是非非自然减少。

　　曾有一位经济拮据的女学生在高考中以优异成绩被某名牌大学录取。可她却为学费而忧虑，一家生产健脑口服液的企业获得这一信息后表示愿意出几万元资助她，条件是要她做一则电视广告，说是服了这家企业生产的健脑口服液头脑敏捷，才一举夺魁的。

　　一则几秒钟的广告可取得如此丰厚的报酬，可以解燃眉之急，何乐而不为呢？可她却没有答应，她说："我家清贫，上中学的学杂费都是父母东拼西凑的，我从来没喝过口服液，也根本喝不起，是由于老师的辛勤教诲和自己的刻苦攻读，才取得这样好的成绩。如果我违心地做了这个广告，今后在社会上还怎么做人？"多实在的话！它折射出一个正直学生美好心灵的闪光。

　　几万元，对一个家境贫寒而又急需钱用的学生来说是一个诱人的数目，可她却毫不动心，断然谢绝。这一举动，展示着当代青年的崭新精神风貌和崇高的人生价值。

　　女大学生坚守自己的道德底线，以正直的做人行为，给社会带来了巨大的精神财富。最终，她交了一份质量很高的人生答卷，高考、做人两个满分。

　　正直意味着一个人具有很强烈的道德感，并且高标准地要求自己，随时准备服从自己的良知，勇于坚持自己的信念，在需要的时候义无反顾地站出来表达自己的意见，不计较自己的利益得失。

　　没有任何人能勉强你服从自己的良知。然而，不管怎样，一个正直的人是会做到这些的。正直的人，心里有杆秤，无论什么时候，都敢于挺直腰杆维护正义的尊严。正直的人让人信赖，不会为了个人的利益做损害别人的事情，也不会弄虚作假、欺骗朋友。

　　正直就是诚实，前后一致，以负责的态度采取某种行动。我国古代圣人孔子认为"人之生也直"，认为一个人有了正直和正义，就有了做人的根本，正直应是人生的常态、常理，是做人的基本标准。

　　正直是美德的基石，对女孩来说也是十分重要的。女孩成长的过程，是人格形式的关键时期，也是正直品格养成的时期。因此，父母要重视女孩正直品格的养成。

1.为女孩树立榜样

正直品格的养成不是一朝一夕的事情，父母需要为女孩树立一个良好的榜样，以身作则，起到正直的带头作用，在生活中坚持正直的言行。那些不坚持诚实、没有绝对正直品德的父母是很危险的。他们在平时也许是愿意站在正直的一方的，但是一旦关系到自己的利益，比如在金钱面前、在名誉面前等，他们就要离开正直，就不说正直话，不做正直事了。

宋庆龄曾说过："成年人的一言一行，都是孩子的榜样，大人骗孩子，孩子也就学会了欺骗……"因此，因此在培养女孩的时候，父母要严格要求自己，做一个正直的父母，才能熏陶女孩也成为一个正直的人。

2.对女孩进行是非观的教育

女孩尚处于一个蒙昧的时期，最容易受到周遭世界的影响，这些影响使得她们逐渐形成自己最初的是非价值观。这些观念一旦形成就很难改变，并且将会影响其一生。所以，作为对孩子影响力极大的父母，不但要有自己做事的原则，有自己的是非观念，要把自己的是非观传达给女孩，同时还要培养女孩辨别是非的能力，这样才能给引导女孩走向一个光明的人生。

例如，平时看电视或者遇到什么事情时，父母不妨给女孩指出哪个是正直的人，让女孩说说自己是否喜欢他钦佩他，如果女孩喜欢他，便告诉女孩，那个人的行事风格就叫正直，给女孩的心上打上"人们喜欢、钦佩正直的人"的烙印。如果女孩不喜欢，父母则要告诉女孩，正直的人做的事情会给别人带来什么样的好处，引导女孩从感情上贴近正直的人，进而喜欢、尊敬他们。

3.教会女孩坚持正义

鼓励女孩敢于坚持正义，主持公道，敢于说真话。比如在学校，看见高年级的同学欺负低年级的同学，要敢于站出来保护弱小的同学。

有一位父亲去学校接女儿放学，发现了一件有趣的事情：女儿因看不惯班里一个强壮的孩子欺负一个弱小的孩子，而主动上前帮助弱小的孩子，以主持公道。回家的路上，这位父亲表扬了女儿勇敢的行为，并进一步教育孩子：对自己认为正确的事情，不管别的小朋友怎么看，要敢于坚持。同时，对待小朋友的缺点和错误提出批评和帮助时，要讲究一些方式方法。如果自己有错，也应主动承担责任，以获得其他小朋友的同情和帮助。

这是一位多么睿智的父亲啊，不但教会了女儿如何坚持正义，而且还教会了孩子处理问题的方法和技巧，非常值得其他父母学习借鉴。

4.教女孩敢作敢当，勇于承认错误

当女孩犯了错误时，父母要引导女孩勇敢承认错误，冷静分析错误，主动承担因自己的错误造成的后果，争取"把坏事变成好事"。

有一个女孩向母亲要了10元钱，去买上课用的画笔。女孩买好画笔回家的路上经过一个冷饮店，忍不住用剩下的钱买了一根雪糕。但她回家后并没有讲出实情，却支支吾吾地说："售货员没有给她找钱。"母亲从女儿的话语和表情上识别出撒谎的行为，她没有用打骂的方法逼女儿讲出实情，而是让女儿好好想一想，看看是不是买了其他东西自己却忘记了。母亲暗示已经知道实情，但希望女儿自己诚实地讲出来。结果，女儿很羞愧地坦白了自己的行为，并表示今后不再那样。

有的女孩怕犯错误而不为，有的女孩明知是错也不承认，怕认了错便毁了自己的形象，便失去了自己的利益。父母要告诉女孩这些都不是正直之举。正直不是不犯错误，敢作敢为也不见得事事都做得对，但正直者一旦认识到自己的错误，就会勇敢承认，勇于改正。

保持谦逊，任何人都没有骄傲的资本

谦虚是一种美德，也是为人处世的一种方式。教育女孩学会谦虚，对女孩成长很关键。俗话说：谦虚使人进步，骄傲使人落后。这是千年不变的恒言。看看古今中外那些先哲伟人，他们即使取得了令人瞩目的成绩，也绝少有人因为自己具有足够资本而狂妄一时的，相反，他们倒是非常自知而又非常谦虚的。

有一位女作家被邀请出席一个笔会，坐在她身边的是匈牙利的一位年轻男作家。男作家不知道女作家是谁，但女作家简朴的衣着、不善言谈的举止给他一种感觉，旁边的女作家肯定只是一位不入流的作家而已。在这种意识的驱动下，男作家开始有了一种居高临下的感觉。

终于，男作家开口问旁边的女作家是不是专业作家，女作家淡淡地说是。男作家继续询问女作家有什么大作出版，是否可以拜读。女作家非常客气地告诉男作家，她只是写写小说而已，根本谈不上什么大作。随后，男作家的表情变得很得意，他说："那我们应该是同行了，我也是写小说的。我已经出版了339部小说了，请问你出版了几部？"女作家微笑着回答："我只写了一部。"男作家带着一种不屑的口吻说道："噢，你只写了一部小说。那能否告诉我小说的名字？""《飘》。"女作家平静地说。顿时，那位狂妄的男作家目瞪口呆。

女作家的名字叫玛格丽特·米切尔，她的一生只写了一本小说。现在，我们都知道她的名字。而那位自称出版了339部小说的作家的名字，已经无从考查了。

　　谦虚是人类的一种优良品质，无数成功的事例已经证明，只有谦虚的人才能做出伟大的成就。一个人不管有多丰富的知识，取得了多大的成绩，或是有了何等显赫的地位，都要谦虚谨慎，不能自视过高。只有心胸宽广，博采众长，才能不断地丰富自己的知识，增强自己的本领，进而创造出更大的业绩。

　　但在现在的社会家庭环境中，一些女孩往往不能正确对待荣誉与成绩，她们会因为骄傲自大看不起别人，偶有一点进步就沾沾自喜，而把别人看得一无是处；她们听不进别人的善意批评，总是处于盲目的优越感之中，逐渐地放松对自己的要求，导致成绩下降，表现也就不再那么优秀了，这对女孩的成长是极为不利的。

　　李娅是初二年级的学生，她热爱学习，由于学习成绩在班里一直名列前茅，因此非常自负。

　　在家里，李娅认为自己已经是个大人了，对于父母说的话越来越不放在心上；在学校里，李娅也非常清高，不太愿意与成绩不好的同学一起玩，觉得跟他们在一起没什么意思；对于任课老师，李娅也不太尊敬，她认为老师的水平不过如此，自己自学都能够学到很多知识。唯一令李娅比较敬重的是她的班主任张老师。张老师是一位快退休的语文老师，他对李娅非常器重，经常给李娅介绍一些学习方法，讲一些名人故事。

　　有一次，李娅在一篇周记中表达了自己看不起同学的思想，她还提到一次与数学老师发生的争执，原因是数学老师批评李娅做作业不够仔细。

　　张老师在李娅的周记上回复道："有人批评你，并不是他看不起你，而是他希望你进步。因为，他不批评你，你不会怨恨他，他批评你，你则会怨恨他，而他却选择了批评你，原因就是他希望你进步。张老师也是这么希望的。"

李娅看了这段话深受触动，慢慢地，她改正了自以为是、容不得批评的坏毛病。

苏联科学家巴甫洛夫在给青年的一封信中这样写道："无论在什么时候，永远不要以为自己已经知道了一切。不管人们把你们评价得多么高，但你们永远要有勇气对自己说，'我是个毫无所知的人。'切勿让骄傲支配了你们。由于骄傲，你们会在应该统一的场合固执起来。由于骄傲，你们会拒绝有益的劝告和友好的帮助。而且由于骄傲，你们会失掉客观的标准。"的确，人一旦自恃高傲，就会自以为是，就会把视野局限在一个小圈子里，如井底之蛙一般。这样，就会严重阻碍自己继续前进的步伐。所以，人不能骄傲自大，只有谦虚的人才可以接受更多的知识和能量。

谦虚是女孩成长路上的朋友，而骄傲却是成功的敌人。人人都喜欢谦虚的人，而不会与自以为是的人为伍。所以父母要培养女孩从小谦虚的习惯，要让女孩戒骄戒躁，在谦虚中不断汲取知识，不断取得进步。

1.让女孩认识到骄傲的危害

女孩出现骄傲自大的坏习惯往往是过高地估计了自己，认为自己比谁都强，只看到自己的长处，看不到自己的短处，拿自己的长处比他人的短处，因此，狂妄自大，凡事大都以"自我为中心"，想干什么就干什么，不会设身处地替别人着想。父母应耐心地教导女孩，让女孩认识到骄傲的危害，督促她们改正骄傲自大的坏毛病，告诉女孩在交友中应该怎样做和不应该怎样做，并加以训练和指导，使其养成良好的行为习惯，这样，她们才会受到大家的欢迎。

姜波是班里的尖子生，不但学习好，而且体育、文艺也不错，所以总能听到老师和父母的表扬，总能看到其他同学对她投来羡慕的眼神。被光环包围的姜波认为自己是最聪明的，心想没人能在学习上超过自己。

一次，姜波的同桌刘铮遇到了难题，就向姜波请教。没想到姜波不但不耐心听刘铮说出疑问，反而开口闭口叫刘铮"大笨蛋"。刘铮忍了很长时间，心想只要弄懂了问题，被她说几句也无所谓，但是姜波并没有认真地讲解，只是随便糊弄了几下，让刘铮听得糊里糊涂。当刘铮让姜波再讲仔细一点时，姜波说："你真是一个大笨蛋，这么简单的数学题都不会做。"刘铮大为不满，他说："有什么了不起的，以后我不会再向你请教了。"

从那以后，刘铮不再向姜波请教，而且班里的很多同学也都知道姜波骄傲自大的毛病，大家逐渐疏远了她。

正所谓"谦受益，满招损"。父母要让女孩认识到骄傲的危害，骄傲自大的人就像井底之蛙，视野狭窄，瞧不起别人，这往往会影响团结，导致失败。而谦虚的人往往懂得尊重他人，团结他人，能凝聚起更大的力量，取得更大的进步。父母应该给女孩讲明道理，任何成绩的取得只能是阶段性的、局部的。如果因一时一事的成绩就忘乎所以，必然导致停滞不前。生活中，父母可以有意识地给女孩介绍一些成功者的经验，告诉她，古今中外凡是有所作为的人，都是谦虚谨慎、胸怀宽广的人，为女孩树起学习的榜样。

2.教育女孩虚心求教、不耻下问

虚心求教、不耻下问对培养女孩的谦虚之心非常重要，也是教育女孩探求知识的方法和路径。从古至今，饱学知识的学者都是勤学好问的典范。

京剧大师梅兰芳不仅在京剧艺术上有很深的造诣，而且还是丹青妙手。他拜名画家齐白石为师，虚心求教，总是执弟子之礼，经常为白石老人磨墨铺纸，全不因为自己是著名演员而自傲。

梅兰芳不仅拜画家为师，也拜普通人为师。有一次，他在演出京剧《坐楼杀惜》时，在众多喝彩叫好声中，听到有个老年观众说"不好"。梅兰芳来不及卸妆更衣就用专车把这位老人接到家中，恭恭敬敬地对老人说："说我不好的人是我的老师。先生说我不好，必有高见，定请赐教，学生决心亡羊补牢。"老人指出："阎惜姣上楼和下楼的台步，按梨园规定，应是上七下八，你为何八上八下？"梅兰芳恍然大悟，连声称谢。以后梅兰芳经常请这位老先生观看他演戏，请他指正，称他"老师"。

虚心求教、不耻下问是获得真知的最有效途径，也是实现自我提升的有效途径。三人行必有我师，父母一定要让女孩明白这个道理。要善于发现别人的长处，虚心向他人学习。一个成功的人，并不是天生就具备非凡的能力的，而是通过向他人学习、取其所长，才逐步优秀起来的。所谓"成功是经验的累积"便是这个意思。一旦女孩具备这种好习惯，就会认真对待自己的学习和生活，这种态度决定女孩会有谦虚之心，对女孩未来的发展起到积极的促进作用。

3.让女孩接受他人的批评

徐悲鸿是我国著名的现代绘画艺术大师，他就是能够诚恳接受批评建议的典范。据说，有一次他正在一个画展上评议作品，一位乡下老农上前对他说："先生，您这幅画里的鸭子画错了。您画的是雌麻鸭，雌麻鸭毛为麻褐色，尾巴是很短的；雄麻鸭羽毛鲜艳，有的尾巴是卷曲的。"原来徐悲鸿展出的是《写东坡春江水暖诗意》，他把雌麻鸭画成了尾羽长且卷曲成环的雄麻鸭了。老农告诉徐悲鸿，徐悲鸿诚恳地接受了批评，并向老农表示深深的谢意。

正确面对批评和意见正是谦虚的表现。事实上，才识、学问越高的人，在态度上反而表现得越谦卑，因为他们总是希望自己能精益求精，再进一步。那些骄傲自满的人一般都不能很好地处理别人的批评。所以，父母一定要教育女孩学会虚心接受他人的批评，批评往往是直指一个人的缺点的，这些缺点正是下一步要提高改进的地方。要让女孩明白，别人提出批评或意见是为自己考虑，只有诚恳地接受这些批评意见，才能不断充实和完善自己。

4.让女孩学会欣赏他人

人无完人，每个人都有优点也会有缺点，有长处也会有不足，父母要让女孩认识到自己和别人的优缺点，这样才能够公正客观地看待自己和别人。

庞佳在班里当班长后非常得意，虽然她的成绩很好，各方面表现也不错，但是却不受人欢迎。有一天，庞佳从学校里回来，向爸爸抱怨同学们不跟她玩。经过一番了解，爸爸得知女儿在学校里经常贬低同学，对同学的缺点揪着不放，还经常在老师面前打小报告。

爸爸对女儿说："每个同学身上都有优点，也有缺点，你应该多说他们的优点，并学习他们的优点，他们才愿意和你玩，并支持你的工作。同时，别人指出你的缺点时，你要虚心接受并努力改正，这样你才会成为一个受人欢迎的班长。"

从那以后，庞佳学会了找同学的优点，还经常把同学的优点、做的好事告诉老师。老师也很配合，经常在班里表扬那些同学。庞佳也从发现同学们的优点中看到了自己的不足，她慢慢成了一个受欢迎的人。

只有学会欣赏他人，才不会自视过高。对于女孩来说，学会欣赏他人并非易事，但只要在日常生活中注意，从点滴做起，女孩慢慢就会做到，从而克服自负心理。父母应该教育女孩，不要总是拿自己的长处与别人的短处、缺点相比，甚至挖苦、讽刺别人，而应相互鼓励、共同进步，在学习别人优点的同时，不断改正自己的缺点，这样才会不断完善自己，不断得到提高。

女孩可以不漂亮、不可爱，但一定要真诚

何谓真诚？真诚就是一个人发自内心的真实和诚恳，是一种率真自然、真实不虚的流露。真诚的言语和行动最具有感染力，一个真诚的微笑，可以建立最深刻的印象；一句真诚的问候，可以温暖最疲倦的身心；一句真诚的道歉，可以化解最坚固的矛盾；一次真诚的交流，可以达成最圆满的协议……真诚具有最强大的力量。如果一个人拥有了真诚的品质，他就会交很多的知心朋友，他的路也会越走越宽。

真诚是一种难得的品质，同时它也是一个人的素养。拥有真诚的人是世界上最富有的人，因为他们拥有人类最宝贵的精神财富。

真诚是人与人之间沟通的桥梁，只有以诚相待，才能使交往双方建立信任感，并结成深厚的友谊。我国著名的翻译家、教育家傅雷先生曾说过："一个人只要真诚，总能打动人的，即使人家一时不了解，日后也会了解的……我一生做事，总是第一坦白，第二坦白，第三还是坦白。绕圈子，躲躲闪闪，反而叫人疑心；你要手段，倒不如光明正大，实话实说，只要态度诚恳、谦卑、恭敬，无论如何人家不会对你怎么样的。"

真诚是做人的根本。德国有句谚语："一两重的真诚，其值等于一吨重的聪明。"那些取得巨大成功的人都有许多共同的特点，其中之一就是为人真诚。如果你是一个真诚的人，人们就会了解你、相信你，不论在什么情况下，人们都知道你不会掩饰、不会推脱，都知道你说的是实话，都乐于同你接近，因此你也就容易获得好人缘。

汉末，黄巾事起，天下大乱，曹操坐据朝廷，孙权拥兵东吴，汉宗室豫州牧刘备听徐庶（三国时颍川长社人，为著名谋士）和司马徽（三国时颍川阳翟人，也是著名谋士）说诸葛亮很有学识，又有才

能，就和关羽、张飞带着礼物到隆中（现今湖北襄阳区）卧龙岗去请诸葛亮出来帮助他替国家做事。恰巧诸葛亮这天出去了，刘备只得失望地转回去。

不久，刘备又和关羽、张飞冒着大风雪第二次去请。不料诸葛亮又出外闲游去了。张飞本不愿意再来，见诸葛亮不在家，就催着要回去。刘备只得留下一封信，表达自己对诸葛亮的敬佩和请他出来帮助自己挽救国家危险局面的意思。

过了一些时候，刘备吃了三天素，准备再去请诸葛亮。关羽说诸葛亮也许只是徒有一个虚名，未必有真才实学，不用去了。张飞却主张由他一个人去请，如诸葛亮不来，就用绳子把他捆来。刘备把张飞责备了一顿，又和他俩第三次拜访诸葛亮。到时，诸葛亮正在睡觉。刘备不敢惊动他，一直站到诸葛亮自己醒来，才彼此坐下谈话。

诸葛亮见到刘备有志替国家做事，而且诚恳地请他帮助，就出来全力帮助刘备建立蜀汉皇朝。

真诚待人是与人交往的根本。你对人真诚，别人也会真诚待你；你敬人一尺，别人自会敬你一丈。交往中，以诚待人是处世的大智慧。只有以诚待人，才能在感情上引起共鸣，才能相互理解、接纳，并使关系进一步巩固和发展，从而获得他人的更多帮助。

著名教育家陶行知指出："千教万教，教人求真；千学万学，学做真人。"如果孩子从小具备了真诚的本性，时刻以真诚的心对待朋友，他就会获得最宝贵的友谊；如果孩子用真诚的态度对待事业，就一定可以获得事业上的腾飞；如果用真诚的心态对待生活，那必定吉祥如意。所以，"让女孩从小做个真诚孩子"该是每个父母的教女信条。

1.为女孩做出榜样

一个人是否具有真诚的品质，取决于儿童时期的家庭教育，关键是父母的言传身教，父母的榜样作用。父母如果待人真诚、表里如一，女孩也就学会了真诚；相反，女孩就会学到虚伪、造作。

一个母亲经常在家数落邻居，在孩子面前也毫不避讳，嫌弃邻居不讲卫生、噪音很大等，总之一副很讨厌对方的样子。结果有一天，门铃响了，这个母亲打开门一看，原来是那位"令人讨厌"的邻居。

此时，这个母亲并没有流露出不满的神情，当对方说："大姐，你们家有没有电啊？我家停电，不知道是楼区的原因还是我家的问题。"

这个母亲很热情地说："哎呀，我们家有电啊，你们是不是跳闸了？"

"行，谢谢啦！我再回去看看！"

"不用谢，需要帮忙就说话啊！"

当母亲把门关上时，脸上又露出了反感的表情，还说了一句："讨厌！"

此时，上初中的孩子说："妈，您对人家不是挺热情的吗？没看出来您讨厌人家啊？"

母亲无语。

显然，这个母亲待人的态度是不真诚的，当面一套，背后一套，搞得孩子都觉得莫名其妙。在女孩成长的过程中，父母是最早的模仿对象，父母言行举止的真诚程度，极大地影响着孩子真诚品质的产生、发展，直到形成习惯。所以，如果你希望自己的女儿成为一个真诚的人，就要以身作则，言行一致，自己首先做一个真诚的人。

2.对人真诚，就会轻松快乐

女孩在与人相处的过程中可能会有一种心理：我对他真诚，他对我不真诚怎么办？其实，用一颗诚心真心实意地去善待他人，并不是一种等价交换，也不是心理投资。因为真诚是触及心灵的感受，谁对他人真诚，谁就会轻松快乐。

一个小男孩和一个小女孩在玩耍。小男孩收集了很多石头，小女孩有很多的糖果。小男孩想用所有的石头与小女孩的糖果做个交换。小女孩同意了。

小男孩偷偷地把最大和最好看的石头藏了起来，把剩下的给了小女孩。而小女孩则如她允诺的那样，把所有的糖果都给了男孩。那天晚上，小女孩睡得很香，而小男孩却彻夜难眠，他始终在想：小女孩是不是也跟他一样藏起了很多糖果？

我们都知道，真诚不是智慧，但是，它常常放射出比智慧更诱人的光泽。我们主张真诚待人，并不是为了别人以真诚回报。如果动机是以自己的真诚换回别人的真诚，本身就不是真诚的。真诚是透明的，它不能有任何杂质。所以，父母要教给女孩："无论人家对我怎么样，我对人家都要真诚。"女孩真的能奉行，生活无疑是轻松和愉快的。

3.教女孩真诚地与人交往

真诚是一种态度，它体现在任何一个言行举止中。父母培养女孩的真诚心，应该从言行举止开始，这是女孩为人处世的第一步。女孩如果从小没有养成对人真诚的态度，长大做什么事都会困难重重。

有一次，一群朋友聚会，吃饭的时候，大家交换名片，其中有一位来自报社，另一位试图对其进行称赞，一看他是报社的，便稀里糊涂地说："哇，你是有名的大作家！"人家问："我怎么有名？"他说："我每次都看见你写的文章。"人家说："我的文章都在哪里？"他说："每次都是头版头条啊！"然后人家告诉他："真的吗？我是专门写讣告的。"讣告能在头版头条吗？显然是虚假的赞扬引起了别人的反感。但是这位先生仍然没有意识到自己的错误，看到旁边有一位小姐，又和她聊了几句。本来这位小姐长得很胖，他说："小姐，您真苗条！"小姐说："什么，说我苗条？我知道你是在骂我。"

打动人最好的方式就是真诚。如果一个人说话虚情假意，溜须拍马，或者被认为怀有某种不良目的，就会让人觉得讨厌，不愿与其交往。因此，我们应该教育女孩为人真诚，真诚地与别人交往，说实话、办实事、做老实人，对朋友不可虚情假意，也不可口是心非，更切忌对朋友使小心眼、耍小聪明。

告诉女孩要"言必信，行必果"

诚信是人们在公共交往中最起码的道德规范，它既是一种道德品质，也是一种公共义务，还是一个人能在社会生活中安身立命之根本，是人之所以为人的最重要的品德。

俗语道："君子一言，驷马难追。"中国人自古就很重视"信义"，而且把是否守信当成衡量一个人人品的重要标志。如果一个人说话不算数、出尔反尔的话，将会被人看不起，在社会也很难立足。

宋濂是明朝的开国重臣，他经历元明两朝，贡献卓著，有"太史公"的高誉，又被推为文臣之首，当时被誉为文学第一。

宋濂小的时候特别喜欢读书，但是因为家里很穷，没钱买书，只好向别人家借书读。每次借书，他都讲好期限，一定会按时还书，从不违约，所以，人们都乐意把书借给他。

有一次，宋濂借到一本好书，他读得爱不释手，于是决定把书都抄下来。可是不巧的是，还书的期限快到了，他只好连夜抄书。当时正是隆冬腊月，天气寒冷，滴水成冰。他的母亲说："孩子，都半夜了，天又这么寒冷，等天亮再抄吧。人家又不着急等书看。"而小宋濂却认真地对母亲说："不管人家是不是等这本书看，我都要按时把书归还给人家，这是个信用问题，也是对别人的尊重。如果说话做事都不讲信用，失信于人，怎么可能得到别人的尊重呢？娘，您说对吗？"母亲微笑着点点头，只好同意宋濂连夜抄书。

还有一次，宋濂要去远方向一位著名学者请教，双方已经约好见面日期，谁知出发那天下起了鹅毛雪。当宋濂挑起行李准备上路时，母亲惊讶地说："这样的天气怎么可以出远门呀？再说，老师那里早已经是大雪封山了。就你这一件旧棉袄，也抵御不住深山的严寒啊！"宋濂却说："娘，今天不出发就会误了拜师的日子，这就失约了；失约，就是对老师不尊重啊！就是有再大的风雪，我也一定得上路。"

当宋濂到达老师家里时，老师感叹地称赞说道："年轻人，守信好学，将来必成大器！"宋濂这段艰苦而勤奋的求学经历以及他的诚信品质，后人有口皆碑，并从中受到启迪。

诚信是做人处世之本。在与人交往的过程中，每个人都必须坚持诚实的原则，信守自己的诺言，只要答应别人的事，就要尽自己最大的努力去履行诺言。

无论在何处，诚信都是值得称赞的美德。自古以来，诚信就是人类社会活动的一个重要评价指标。诚者，信也。信者，诚也。诚信是做人的基本准则和最起码的道德修养，为人以诚，待人以信，不但是人的内在品质和精神要求，也是社会基本准则。一个人要想在社会上立足，就必须具有诚实守信的品德。

诚信是一种道德品质和道德规范。曾经有名人说："坚守信用是成功的最大关键。"一个人要想赢得他人的信任，一定要守信用，诚信待人。诚信会点燃你生命的明灯，生活不会亏待诚信于人的人。一个守信用的女孩，长大以后，也一定会成为对自己、对家庭、对社会都能承担起责任的人。

在当今的市场经济时代里，诚实守信是每个人必备的素质，每个家庭都应该从小培养女孩的一颗诚信心，让女孩拥有诚实守信的品德，得到别人的尊重和信任，获得真诚的朋友和友谊，将来在事业上才能得到更好的合作伙伴和他人的支持。

无诚则无德，无信则事难成。聪明而睿智的父母们一定能领悟到诚信教育的作用和真谛，那么就从现在做起，从身边的点滴小事做起吧。播下诚信的种子，给女孩以力量和耐力，赢得诚信这张人生的通行证！

1.要做出诚信的榜样

常言道："身教重于言教"，父母的行动对女孩来说是无声的语言、有形的榜样。美国著名心理学家大卫·艾尔金德认为：要想让女孩有教养，守道德，父母首先必须是一个品德高尚的人。因此要让女孩有诚信的好习惯，父母首先要从自身做起，用自己的言传身教给女孩树立一个诚信的好榜样。

1998年11月9日，美国犹他州的一位小学校长——42岁的路克，在雪地里爬行1.6公里，历时3小时去上班，受到过路人和全校师生的热烈欢迎。

原来，这学期初，为激励全校师生的读书热情，路克公开说：如果你们在11月9日前读书15万页，我在那天爬行上班。

全校师生使劲地读书，连校办幼儿园大一点的孩子也参加了这次活动。终于在11月9日前读完了15万页书。有的学生打电话给校长："您爬不爬？说话算不算数？"也有人劝他："你已达到激励学生读书的目的，不要爬了。"但是，路克坚定地说："一诺千金，我一定爬着上班。"

与往常一样，路克早晨7点离开家门，但是他没有驾车，而是四肢着地爬行上班。为了安全和不影响交通，他不在公路上爬行，而在路边的草地上爬。过往汽车向他鸣笛致敬，有的学生索性和校长一起爬，新闻记者也前来采访。

经过3小时的爬行，路克磨破了5副手套，护膝也磨破了，但他终于到了学校，全校师生夹道欢迎自己敬爱的校长。当路克从地上站起来时，孩子们蜂拥而上，拥抱他，亲吻他……

一位校长因为认真地履行一句诺言，而得到了学生的爱戴和尊敬。在教育女孩的历程中，要想让女孩学会守信，父母首先要做到。女孩好模仿，她们时时刻刻都在观察模仿成人的行为，因此父母要做到"言必信，行必果"，凡是答应女孩的事就一定要兑现。如因情况有变或因其他原因兑现不了，也要向女孩说明情况、解释清楚，表明不是有意骗她。

2.培养女孩树立诚信观

女孩的思想是单纯的，父母要给她们树立一种诚信为人的观念。教育她们与小伙伴交往要真心，对老师、父母不说假话，作业不抄袭，考试不作弊，对待他人要懂得"己所不欲，勿施于人"的道理，答应别人的事情就要做到。

一个中学毕业的女孩和同学们约定了星期天去拜访老师。星期天一大早，家里的电话响起，是表姐约她当天去郊游，地点是女孩一直都想去的风景区。她就把今天要和同学拜访老师的事情告诉了表姐，表示自己不能去郊游了。

可是，表姐说："这次有车，机会难得，之所以没有提前通知你是因为车里坐不下，但是，今早突然有人不去了，我就赶快给你打电话。我们一两天就回来，回来之后你再去拜访老师吧！你不是一直都很想去吗？"女孩说："可是和同学都约好了，和老师都说好了啊！"表姐说："那你考虑一下，尽快给我回电话。"

挂断电话之后，女孩很矛盾，到底是去拜访老师，还是跟同学说一声抱歉，然后和表姐他们去玩？正犹豫呢，女孩的父亲出来，女孩把表姐来电话的事情告诉了父亲。

父亲说："别想了，当然去拜访老师是对的，你答应同学去看老师在先，表姐约你在后。不能以你想去郊游还是想去拜访老师为标准，而是以事情的紧急程度和答应别人的先后为标准。所以，信守你之前的承诺就对了，至于郊游，有机会再去嘛！"

听完父亲的话，女孩安心地给表姐回了电话，高高兴兴地去拜访老师了。

如果女孩出现了没有信守诺言的行为或苗头，父母一定要及时指出，严肃地向女孩讲明道理，并督促女孩认真履行自己的承诺。父母千万不要觉得女孩还小，或者觉得事情无关紧要就放纵她们的缺点，否则，女孩会不断强化不良的行为，从而形成不良的品格，进而影响一生。

3.多给女孩讲守信的故事

进行诚信品质教育，父母可以借助实例、故事的形式讲给女孩听，让女孩明白诚信对一个人来说是非常重要的，不诚信会带来什么恶果，诚信会有什么收获。

18世纪，英国有一位有钱的绅士。一天深夜，他走在回家的路上，被一个蓬头垢面衣衫褴褛的小男孩拦住了。"先生，请您买一包火柴吧。"小男孩说道。"我不买。"绅士回答说。说着，绅士躲开男孩继续走。"先生，请您买一包吧，我今天还什么东西也没有吃呢。"小男孩追上来说。绅士看到躲不开男孩，便说："可是我没有零钱呀。""先生，您先拿上火柴，我去给您换零钱。"说完男孩拿着绅士给的一英镑快步跑走了，绅士等了很久，男孩仍然没有回来，绅士无奈地回家了。

第二天，绅士正在自己的办公室工作，仆人说来了一个男孩要求面见绅士。于是男孩被叫了进来，这个男孩比卖火柴的男孩矮了一些，穿得更破烂。"先生，对不起了，我的哥哥让我给您把零钱送来了。""你的哥哥呢？"绅士问道。"我的哥哥在换完零钱回来找您的路上被马车撞成重伤了，在家躺着呢。"绅士深深地被小男孩的诚信所感动。"走！我们去看你的哥哥！"去了男孩的家一看，家里只有两个男孩的继母在招呼受到重伤的男孩。一见绅士，男孩连忙说："对不起，我没有给您按时把零钱送回去，失信了！"当他了解到两个男孩的亲生父母都双亡时，毅然决定把他们生活所需的一切都承担起来。

当女孩听到这样的故事时，她会明白：守信一定会给人生带来好处。诚信的人会获得别人的信赖、支持和帮助。所以，父母可以通过每一个守信故事，让女孩知道：要想获得美满人生，守信是必不可少的品质。

4.及时表扬女孩的守信行为

星期日，爸爸想带女儿媛媛去公园玩，可是，媛媛却拒绝了。"你不是早就想让我带你去公园玩吗？"爸爸感到很奇怪，"好不容易今天我有时间，你怎么又不去了？"尽管爸爸的语气已经有点恼怒了，媛媛还是坚定地摇了摇头。

原来，媛媛昨天答应幼儿园同班的小朋友，让他来家里一起玩游戏。虽然她很想和爸爸去公园玩，虽然小朋友还有可能不会来，但是她不能对小朋友失信。"我约了朋友，"媛媛说，"我不能说话不算数。"听了媛媛的解释，爸爸向她竖起了大拇指。

当女孩履行自己的承诺时，父母一定要给予肯定和赞许。父母的态度，会促使女孩继续发扬这宝贵的品质。

不说谎话，做一个诚实的女孩

所谓诚实，就是指忠诚老实，不讲假话，能忠实于事物的本来面目，不歪曲、颠倒事实，光明磊落，处事实在。在人际交往中，人们都不愿意与不诚实、说谎的人打交道，因为这种人无法给人一种信任感和安全感。

诚实是我们中华民族的传统美德，是我们做人的第一要素。自古以来，中国就重视孩子的诚实教育。"狼来了"的故事，大家耳熟能详，它告诫我们：一个不诚实、爱骗人的孩子，最后会失去援救而被狼吃掉。不诚实、说谎话向来被人们唾弃，并被当作人的最大恶习之一。不难想象，一个爱说谎愚弄他人的孩子很容易让他人产生厌烦和不信任，甚至是鄙视。这样的孩子必然会跟社会环境格格不入，必然遭到集体和社会的否定。所以，父母要教育女孩做一个诚实的人，具有诚实的品质往往能使女孩结交更多的朋友，得到更多的帮助，受到更多的关怀，这对女孩的身心健康发展无疑有重要作用。

国外某大公司公开招聘副经理，总经理一见到一个应聘者，就马上从座位上跳了起来，大喜地说道："上个月我在高速公路旁出了车祸，幸好您救了我。等我清醒时，您已经走了。今天，我一定要好好谢谢您！"这个应聘者汤姆瞪大双眼，不得其解，坦然回答说："抱歉，恐怕您弄错了。"总经理很不高兴地说："难道我蠢得连恩人都记不住吗？"汤姆仍然正色答道："很抱歉，那确实不是我。"回到家以后，他想这次肯定落选了。没想到第二天公司居然通知他去上班。后来，总经理才告诉他，本就没有车祸那回事，可悲的是那么多的候选人中只有汤姆是诚实的。这位总经理如此考查人，真是煞费苦心。但他遵循了一个基本原则，即诚实是良好人际关系、社会交往的保障。

诚实是一种可贵的品质，一个人只有诚实可信，才能够建立起良好的信誉，才能获得别人的真诚对待。在这个复杂的社会，你越是诚实可信，人们越会认为你难得，你就越值得交往和相处。诚实不需要华丽的辞藻来修饰，不需要甜言蜜语来遮掩，它是生命的原汁原味，它是天地之间的一种本真和自然。

诚实的女孩是受人欢迎、尊重和信任的。在家庭教育中对女孩诚实品质的培养，能使女孩抵御不良品质的侵袭。女孩一旦形成诚实的品质后，她们就不会在父母、老师、同学面前或弄虚作假，或当面一套背后一套，或挑拨是非等。因此，培养诚实的品质是使女孩形成优良品质，克服不良品质的重要途径。

一天下午，陈冬梅没有按规定完成爸爸布置好的功课，而是跑出去玩。事后爸爸妈妈问她去了哪里，她撒谎说是给一个小伙伴补课去了。

爸爸妈妈顺便关切地问她："哪个小朋友啊？"

从不撒谎的陈冬梅不知该如何是好，脸一下子就红了。知道女儿在撒谎，爸爸那时真的感觉很受打击，妈妈也很痛心。

但是他们知道，采取粗鲁的方式是解决不了问题的，应该平静地给她补上这人生的一课。

"冬梅，不要骗爸爸妈妈，你下午到底去了哪里，不是已经给你布置作业了吗？"

"我去给小小补习英语去了。"

"可是，我们刚刚见过小小的妈妈，你根本没有到过他们家！"

陈冬梅的脸更红了。

"平常给你讲过多少故事，千叮咛万嘱咐，要诚实，不许说假话。你都忘了吗？小华盛顿勇于承认错误的故事不是你最喜欢的吗？"

泪珠开始在陈冬梅的眼睛里打转了。

"爸爸妈妈今天不打你，但是你要记住你做错了。"

"我自己偷偷出去玩了。我不应该说谎，我知道错了，爸爸妈妈你们原谅我吧！"陈冬梅带着哭腔说道。

看到冬梅态度很诚恳，爸爸妈妈的神色有所缓和。

"知道错了就好。记住，无论什么时候都不要说谎。"

女孩是否有诚实的品德，直接关系到女孩将以一种什么样的态度去对待人生，也关系到他人将对其行为做出何种评价的问题。无论何时，诚实的女孩都是优秀的，她们真诚地对待每个人、每件事，坦坦荡荡，光明磊落，她们一定会在学业与人生的发展道路上越走越稳，越走越好。为此，父母应利用一切可利用的机会以各种形式对女孩进行引导、教育，鼓励女孩养成诚实的品德。

1.满足女孩合理的需要

每个父母都希望自己的女孩诚实，不喜欢撒谎的孩子。但是，许多女孩却表现得不尽如人意。究其原因，大多是由于后天的某种需要引起的，比如为了满足吃的需要、玩的需要甚至是为了逃避受批评、受惩罚，这些都助长了女孩撒谎的恶习。

有位美国学者到监狱里面去访问50个罪犯，研究他们是怎么犯罪的。他发现了一件很有意思的事：有一个犯罪说他是从撒谎走向犯罪的。他为什么要撒谎呢？他小时候，家里面兄弟姐妹好几个，有一次分苹果吃，其中一个苹果又大又红，孩子们都想要那个大红苹果。老大说："妈，大的红苹果给我吃。"妈妈瞪他一眼说："你不懂事，你怎么带头吃大的呢？"

这个犯罪回忆说，当时他观察发现，谁越说要，他妈妈就越不给谁，谁不吱声或说了反话，谁就最有希望得到。这时他就撒谎说："妈妈，我就要最小的苹果。"

妈妈说："真是个好孩子，就把大苹果给你。"哎呀，好家伙，说假话可以吃到大苹果！啊，越想要就越不说，到时候，你"表现好"就可以得到。孩子为了吃大苹果，所以就说假话，这就是妈妈的失误。

女孩不诚实的行为大部分是出于某种需要，如果女孩合理的需要没有得到满足，她必然会寻求满足需要的办法，如果父母对这种合理的需要过分抑制，女孩就会换种方式，以某种不诚信的行为来满足自己的需要。因此，父母应该认真分析女孩的需要，尽量满足其合理的部分。父母应该认真倾听女孩的心里话，而不要以成人的想法去推测女孩的心理。女孩向父母讲述了她的需要后，父母应该跟女孩一起分析，让女孩明白哪些是合理的或正确的，然后及时满足女孩合理的需要；对于不合理的需要，则要对女孩讲明道理。千万不要觉得女孩还小，或者觉得事情无关紧要就放纵她们。长此以往，女孩就会不断地强化不良行为，形成不良的品格，最终影响到他的人生。

2. 采用正确的教育方法

当发现女孩有不诚实的言行时，要采取细致、耐心的方法，冷静地听听女孩的想法，分析原因，对症下药，切不可急躁、粗暴，甚至施加压力，进行打骂、体罚等，这样只会适得其反，造成女孩为了躲避责罚打骂而说谎。

刘敏芝是一个小学三年级的学生，因为平时贪玩，回家后又没有人管束，因此总是忘记做家庭作业。

刘敏芝的父母因为工作忙，平时无暇顾及孩子的学习情况，只是在吃完饭时问孩子一句："作业做好了吗？"刘敏芝总是痛快地回答："做好了。"

因此，妈妈一直以为女儿在学校表现不错。

可是，当期中考试结果出来以后，妈妈看到刘敏芝的语文和数学都是不及格，这下妈妈慌了神，连忙请假去见刘敏芝的班主任。

班主任老师告诉刘敏芝的妈妈，刘敏芝从来不做家庭作业，上课也不认真听讲。

妈妈听了班主任老师的话，非常生气。

等到刘敏芝放学回家，妈妈问她平时做不做家庭作业。

刘敏芝还像平时一样回答妈妈。

妈妈一听就来火了，走到刘敏芝面前就给她两个耳光，并气狠狠地对刘敏芝说："我今天去你们学校了，老师说你从来都不做家庭作业，你这个不长进的东西，成绩不好就罢了，还学会撒谎了，你说，为什么不做家庭作业！"

刘敏芝怕妈妈打自己，只好向妈妈求饶，说自己再也不敢说谎了，今后一定认真完成家庭作业，妈妈相信了女儿的话。

可是，过了一段时间，刘敏芝仍然不做作业，照样向妈妈撒谎。而且，她与妈妈之间的关系也越来越僵，妈妈说什么她全当耳边风，学会了我行我素。

教育女孩诚实、不说谎，要讲究方法和技巧。对初次说谎的女孩，父母不能生硬训斥，又是批评又是骂，我们要做的不是为了惩罚而惩罚，要明确的是如何让女孩改正错误。当女孩第一次说谎时，父母应当注意让女孩觉得说谎是不对的，好孩子是不说谎的，要明确地提出下次不许说谎，要做一个诚实的好孩子，还要和女孩探讨如何改掉说谎的毛病。女孩由于年龄小，缺少经验，说谎话时一定破绽很多，牛头不对马嘴，不合乎情理，容易被察觉。因此，只要父母留心，仔细观察分析，抓住初犯，进行细微耐心的教育，女孩说谎的缺点是容易得到克服的。

3.要做诚实的榜样

诚实，是每个人都应具备的品质，如果要想真正让女孩养成诚实的品德，父母必须在日常生活中，在平时的小事上处处注意，为女孩做出表率，以诚实培养诚实。如果要求女孩拾金不昧，父母就不能将捡到的物品据为己有；如果要求女孩不说假话，父母自己就不能哄骗孩子。不然，女孩是难以形成诚实品质的。

父母的示范作用是极大的。生活中，父母应该做女孩诚实的榜样，做到待人诚恳，不说假话，用自己的言行来引导女孩逐渐形成诚实的品质。

4.与孩子形成互相信任的关系

父母和女孩形成真诚和互相信任的关系，是培养女孩诚实品格的一个重要条件。现实中，有许多父母认识不到这一点，他们总是对女孩抱着不信任的态度。女孩不论做什么事，说什么话，他们都要持怀疑态度，甚至再三追问，刨根问底，非抓住女孩说谎的把柄不可。这样做的结果，只会适得其反。

撒谎的女孩让父母头疼，但究其根本，问题还是出现在父母身上！在现实生活中，我们经常会看到这样的父母：他们要求女孩吃完饭在房间里学习半小时，结果却每隔五分钟进去看一下女孩是否在偷懒；他们要求女孩去买件东西，也总担心女孩用多余的钱买零食吃。父母们的这些行为，往往导致女孩用撒谎来对抗，而父母们却认为自己的怀疑是有根据的，这就更加滋长女孩的不诚信。

其实，父母尊重和信任女孩，女孩才会反过来更加尊重、信任父母。信任父母的女孩是不会说谎的，因此，和女孩相互相任，女孩说谎的原因就不存在了。

多一些宽容，少一些计较

宽容不仅仅是一种做人的雅量，更是一种文明的标志，它体现的不仅仅是一个人的胸怀，更是一种博爱的人生境界。宽容，能使人性情随和，能使心灵有回旋的余地，能使人消除许多无谓的争执。

表面上看，宽容只是一种放弃报复的决定，这种观点似乎有些消极，但真正的宽容却是一种需要巨大精神力量支持的积极行为。

宽容是为那些曾经侵犯我们的人着想而做出的，它的最高境界是心灵的净化和升华，它使我们从中看到了非常强大的力量。一个人能宽容的人越多，赢得的人心就越多。宽容可以帮助人们恢复友谊、爱情和事业。

宽容是处理人际关系，让人与人、人与环境和谐的有效手段，是自然人向社会人过渡的必备的基本品质，是社会人必备的良好品格之一。研究表明，一个人的性格主要是在儿童、青少年阶段形成和基本定型的。特别是早期的性格对人的一生影响很大。因此重视培养孩子宽以待人的良好性格显得尤为重要。

当今的女孩大多娇生惯养，很容易出现以自我为中心的倾向，表现在人际关系中就是过多地考虑自己的感受而忽略对方的感受，心胸开始变得狭隘。这会严重影响女孩良好人际关系的建立，从而影响学习。只有使她们学会宽容，她们才有可能拥有融洽的人际关系。

在爸爸眼里，莫莫是一个懂事的孩子。遇到一些事情，她不会像其他孩子一样，表现得非常急躁。遇到困难时，她有时表现得比大人还冷静。有时候受委屈了，还没等父母安慰她，她反倒安慰父母了，说自己没事，不用父母担心。

有一次，爸爸和莫莫一起去看球赛。莫莫从小就喜欢看球赛，而且还是班上的队长呢。每次看比赛，她都激动得热血沸腾。有时候为了攒够一场球赛的门票钱，她可以一个礼拜不吃午饭。这天，比赛进行到精彩处，父女俩正在起劲地呐喊，所有的球迷都激动得脸都发红了。突然，不知从哪儿飞来一只鞋子，正好打在了莫莫头上。莫莫当时蒙了，过了几秒之后，她才感觉到自己似乎被什么东西给砸中了，一摸头，头上已经起了一个小疙瘩，这一下子打得很重。爸爸当时很生气，一定要找那个扔鞋子的球迷。莫莫就劝爸爸："算了吧，这时候大家都这么激动，不小心扔到了我，也没什么事。不疼的，你放心吧。"

还有一次，一个同学因为一点小事，埋怨莫莫做得不对。但是，这件事情明明是同学的错，同学反倒反咬一口，硬说错在莫莫。莫莫当时心里很委屈，本来想跟同学解释清楚，然后找老师去评理，后来一想，还是算了吧，大家都在一个班，发生点口角是不可避免的，自己退一步也没什么大不了的事情。于是，她也不和同学争了，返回身坐到自己座位上，做起了作业。

正是由于莫莫这种宽容的态度，她赢得了同学的尊重。所以，从上初中开始，莫莫就一直担任班长，同学们有什么事都去找她，同学之间闹矛盾了也喜欢找她去处理。为此，班主任非常信任莫莫，班里的事几乎都让她管。

女孩的宽容心是一种非常珍贵的存在，它主要表现为对别人过错的原谅。这种感情对于孩子个性的健康发展，尤其是情感的健康发展，以及对于女孩良好人际关系的建立有着非常重要的意义。

富有宽容心的女孩往往心地善良、性情温和、惹人喜爱、受人拥护，而缺乏宽容心的人往往性情怪诞，易走极端，不易为人亲近，因而人际关系往往不好。因此，教女孩学会宽容尤为重要，这不仅仅是为女孩今天能和伙伴处理好关系，更是为女孩将来的人生奠定基础。

宽广的胸怀不是天生的，是靠后天的培养和教育的。生活中，父母要注意培养女孩拥有一个宽广的胸怀，从日常生活、学习中加以注意，抓住每一件可资教育的事情，不断对女孩进行宽容待人的引导和教育，逐渐使宽容的理念融入她们的品格之中。

1.教女孩学会换位思考

许多女孩只习惯于从自己的角度思考问题，而不习惯于站在别人的角度上思考问题。要消除这种现象，办法就是教会女孩"换位思考"。

去年国庆节外出旅游时，江女士给女儿源源买了一个小风车，同行的小伙伴浩浩却买了一个稍大一点的风车，并向江女士的女儿源源炫耀。玩了一会儿后，浩浩的风车玩坏了，这下源源找到报复机会了："哈哈，我说大的不好吧，这么快就坏了。"浩浩难过地看着自己的风车。江女士一听赶紧把女儿叫过来，说："源源，你觉得刚才那样说话对吗？""谁让他笑话我的风车小呢。""如果你的风车坏了你的心情会怎样？""我会难过。""对呀，浩浩没有风车玩了本来就很难过，你又那样说他，他心里会不会更难受？"源源听后不作声了。

于是，江女士又对她说："好朋友要互相关心，我知道源源很喜欢帮助别人，现在你想怎样做？"源源想了想说："让他和我一起玩我的风车吧。"于是，两个孩子又重归于好，欢叫着、奔跑着，开心地玩着小风车。

在女孩与他人发生争吵或矛盾时，父母可以教女孩学会从他人的角度来看待问题，让女孩置身于别人的位置，并站在他人的角度来思考问题。这样女孩不仅可以了解别人，还会赢得友谊。父母应该教育女孩经常自问："要是我处在这种情况下，我会怎么想呢？又会怎么做呢？""我现在应该为他做点什么，他的心里会不会感觉好受一些呢？"这样，女孩往往会看到问题的另一面，从而养成宽容的品格。

2.合理地宽容女孩的过错

让女孩懂得宽容，父母首先应该以宽容之心对待孩子的过错。一个不懂宽容的父母，很容易让女孩对父母的行为反感，对父母失去信任，女孩也就很难去包容别人了。在生活中，连自己的亲生父母都不宽容自己，对于一个女孩来说，她的心灵肯定受到了严重的打击，他对这个世界也会心怀怨恨。

甘地是印度伟大的民族英雄，他在回忆自己的成长过程时曾深有感慨地说："是父亲那崇高的宽容态度挽救了我。"

甘地出生在一个小藩王国的宰相的家庭，他有三个兄长和一个姐姐，他在家中最小。他从小性格就不太开朗，但他对父母却十分顺从，对周围的事物也非常敏感，自尊心很强，一旦被人奚落，马上就会哭鼻子。在学校一挨老师批评，就难过得受不了。

少年时期的甘地与许多少年一样，好奇心强、自负心盛。他也学会了抽烟，后来竟然一发不可收拾，烟瘾越来越大，以至于偷兄长和家里的钱买烟抽，而且越陷越深。慢慢地，甘地觉察到了自己的行为是非常可耻的，然后他就觉得无脸见人，内心非常痛苦，甚至还一度想过自杀。

最后，他终于忍受不了痛苦的折磨了，他把自己堕落的全过程完整地记录在了笔记本上，并鼓足勇气把它交给了父亲，并说："爸爸，我真心希望得到您的宽恕！"甘地本以为父亲会狠狠地批评他，甚至会严厉地惩罚他。但是，事实却出乎他意料。父亲看后，心情十分沉重，他并没有责备甘地，反而自己流下了伤心的眼泪。

甘地看到父亲痛心的样子，觉得自己太对不起父亲了。从那以后，他痛下决心，彻底改正了错误，走上了正道。许多年后，当甘地一讲到他童年的那段难忘的岁月，就深有感慨地说是父亲的宽容挽救了他。

在成长过程中，女孩犯错是在所难免的。当父母发现女孩的过错时，千万不能不问缘由地加以责罚。不妨弄清事情发生的来龙去脉之后，再对女孩适当地、合理地宽容一些，女孩可能反而会更容易改正错误。但是我们一定要注意一点，宽容女孩，绝不等于放任或纵容女孩，放任和纵容的态度只能害了女孩。

这个世界上没有无药可救的女孩，只要父母能够用真心去教育、培养女孩，真诚地对待女孩的一举一动，相信一定可以赢得女孩的信赖，对女孩宽容的培养也很有帮助。

3. 父母要有宽容之心

要培养女孩宽容的品质，父母首先要有宽容心。也就是说，为人父母者应该以身示教，给女孩做个好的榜样。试想，如果父母心胸狭窄，不懂宽容，无视他人的意见，习惯于将自己的意志强加于人，为一点小事争执不休、斤斤计较，孩子又怎么能学会宽容呢？

　　有一位母亲，带着她的孩子到度假村去玩。那天去游玩的孩子较多，工作人员一时疏忽，将她的孩子留在了网球场。等工作人员找到孩子后，小孩因为一人在空旷的网球场待着受到惊吓，哭得非常伤心。一位满脸歉意的工作人员在安慰这个四五岁的小孩。不久，孩子的妈妈来了，看见了自己哭得惨兮兮的孩子。这位妈妈蹲下来安慰自己的女儿，并且很理性地告诉她："已经没事了，那个姐姐因为找不到你而非常紧张，并且十分难过，她不是故意的。现在，你应该亲亲那个姐姐的脸，安慰她一下。"她的孩子踮起脚尖，轻松地亲吻蹲在她身旁的工作人员的脸，并柔声告诉她："不要害怕，已经没事了。"

　　事例中的妈妈用自己的实际行动，为孩子树立了正确的榜样，在孩子幼小的心田里播下了一颗宽容的种子，让孩子懂得了一个人要学会宽容和关心他人。孩子活在父母的影子中，只有父母有一颗宽容的心，孩子才会有宽容的品质。

　　4.让女孩学会理解他人

　　父母应该让女孩学会以一颗平常心来对待别人，真正理解别人。因为每个人都有这样或那样的缺点，也会犯这样或那样的错误，而只有学会理解别人，才能容忍别人的缺点和错误。也只有这样，才能真正体会到宽容的意义。

　　一个叫雪丽的7岁美国小女孩在自己的生日晚会上遭到好友梅芙的无端抢白而感到大丢面子，因而试图报复以泄心头之恨。但后来在母亲的劝说下，她通过和梅芙谈心了解到：当时梅芙喂养的小兔子突然死去，心情十分沮丧，故难免出言不逊。在经过一番将心比心后，雪丽宽容地原谅了梅芙，两个小伙伴的友谊更深厚了。

理解是为了宽恕，理解一切就是为了宽恕一切。理解他人，会体现一个人的胸襟。告诉女孩，当我们受到他人伤害时，一定不要再以报复心来对待他人，而是应该理解他，原谅他，以漠然来冲淡报复，这是最明智的做法。只有这样，爱才能在这世界里永恒传递，遍地开花。

第四章
管好自己，
有教养的女孩
成大器

让女孩懂得自律，有所为有所不为

什么是自律？自律就是自己管好自己，是一种自发的主动的行为，是一个人内在综合素养的外在表现，是一种不可或缺的人格力量。自律程度的高低往往体现出个人素质的高低，同时也影响着个人取得成就的大小。

有句话说得好，律己者律世，志高者品高。当一个人到了这样的境界，他的力量是不可抗拒的。所以，你能有多成功，就看你有多自律。一个成功的人，首先是一个成功的自我管理者，一个能够自我约束、自我克制的人。

自律是自我管理的一种能力，对人的一生有着重要影响。但丁曾经说过："测量一个人的力量的大小，应看他的自制力如何。"生活中，人们会碰到许多诱惑，一般的人往往不知不觉陷入其中，而自律的人能控制自己做出有利于自己和符合社会需要的行动。古今中外成大事者，无不拥有自律的品格。

有个时期，美国石油大亨保罗·盖蒂的香烟抽得很凶。有一天，他度假开车经过法国，那天正好下着大雨，地面特别泥泞，开了好几个钟头的车子之后，他在一个小城里的旅馆过夜。吃过晚饭后他回到自己的房里，很快便入睡了。

盖蒂深夜两点钟醒来，想抽一支烟，打开灯，他自然地伸手去找他睡前放在桌上的那包烟，发现是空的。他下了床，搜寻衣服口袋，结果毫无所获。他又搜索他的行李，希望在其中一个箱子里能发现他无意中留下的一包烟，结果又失望了。他知道旅馆的酒吧和餐厅早就关门了，心想：这时候要把不耐烦的门房叫过来，太不堪设想了。他唯一能得到香烟的办法是穿上衣服，走到火车站，但它至少在六条街之外。

情况看起来并不乐观，外面仍下着雨，他的汽车停在离旅馆尚有一段距离的车房里。而且，别人提醒过他，车房是在午夜关门，第二天早上六点才开门。这时能够叫到出租车的机会也几乎等于零。

显然，如果他真的这样迫切地要抽一支烟，他只有在雨中走到车站，但是要抽烟的欲望不断地侵蚀他，并越来越浓厚。于是他脱下睡衣，开始穿上外衣。他衣服都穿好了，伸手去拿雨衣，这时他突然停住了，开始大笑，笑他自己。他突然体会到，他的行为多么不合逻辑，甚至荒谬。

盖蒂站在那儿寻思，一个所谓的知识分子，一个所谓的商人，一个自认为有足够的理智对别人下命令的人，竟要在三更半夜，离开舒适的旅馆，冒着大雨走过好几条街，仅仅为了得到一支烟。

盖蒂生平第一次认识到这个问题，他已经养成了一个不可自拔的习惯。他愿意牺牲极大的舒适，去满足这个习惯。这个习惯显然没有好处，他突然明确地注意到这一点，头脑便很快清醒过来，片刻就做出了决定。

他下定决心，把那个依然放在桌上的烟盒揉成一团，放进废纸篓里。然后他脱下衣服，再度穿上睡衣回到床上。带着一种解脱，甚至是胜利的感觉，他关上灯，闭上眼，听着雨点打在门窗上的声音。几分钟之后，他进入一个深沉、满足的睡眠中。自从那天晚上后，他再也没抽过一支烟，也没有抽烟的欲望。

从此以后，保罗·盖蒂再也没有抽过香烟。后来，他的事业也越做越大，成为世界顶尖的富豪之一。

自律的人善于克制自己的欲望，善于律己，绝不做欲望的奴隶。德国诗人歌德说："谁若游戏人生，他就一事无成，不能主宰自己，永远是一个奴隶。"高尔基说："哪怕是对自己的一点小的克制，也会使人变得强而有力。"一个人要主宰自己，就必须对自己有所约束、有所克制。因为"毫无节制的活动，无论属于什么性质，最后必将一败涂地"。无论做任何事情，自律都至关重要。自我节制、自我约束是一种控制能力，尤其能控制人们的性格和欲望，一旦失控，随心所欲，结局必将一败涂地，不可收拾。

自律是一个人的基本素质。每个人都需要自律，女孩在成长的同时，也需要培养自律意识，只有当女孩有了自律意识，她才能够在社会上立足。因此，父母培养女孩的自律意识，要从女孩"小的克制"入手。

丽萨今年7岁，有一次，她的父亲带她到牧师家做客，在吃早餐的时候，丽萨弄洒了一点牛奶，按照她和父亲的约定，洒了牛奶只能吃一点面包，因为这是对她的惩罚。

牧师热心地劝丽萨，可是她还是不喝牛奶，她低着头对牧师说："因为我洒了牛奶，就不能再喝了。"牧师以为是因为孩子惧怕她的父亲，所以就不肯喝牛奶，于是牧师找了一个借口让她的父亲出去。牧师又给她拿了很多的点心，但是丽萨还是不肯喝牛奶，并且说道："我不能为了一杯牛奶而撒谎，因为上帝在看着我呢！"

牧师觉得十分震惊，就把女孩的父亲叫到屋里来说了这件事情，父亲说道："孩子不是因为怕我而不敢喝这杯牛奶，而是她把这看作约束自己的行为准则。"

父亲回到孩子的身边对她说："你对自己的惩罚已经够了，你现在就把点心吃了，把牛奶喝了吧！就当是上帝对你的奖励，也不要再辜负主人的好意了。"丽萨听见父亲这样说才把点心都吃了，把牛奶都喝了。

自律是女孩具有高贵品质的一种表现，它的养成对于女孩的将来有着极为重要的影响。女孩能够从小养成自律的习惯，就可以克服各种不良的嗜好，学会约束自己，做什么事情都会有分寸。因此，在培养女孩的过程中，父母应该时刻严格要求自己，用自己的实际行动来证明自律的重要性，从而帮助女孩养成自律的习惯。

1.身教胜于言传

一对严于律己的父母，必将拥有一个严于律己的孩子。的确，父母的行为在某种程度上决定了孩子的行为。如果连父母都不能严格要求自己，那么就很难培养孩子的自律意识。因此，教育孩子不单单是通过几句简单的话语就能够实现的，它更需要父母从行动上示范给孩子，让孩子知道应该如何要求自己。

2.给女孩制定规矩

"没有规矩，不成方圆"，足见规矩的重要性。孩子属于未成年人，年龄尚小，自制力不强，易于诱惑，这些特点告诉我们教育女孩光靠自觉是不行的，需要一定的外部强制力。所以，父母要是想鼓励女孩学会严格自律，就应该为女孩制定一些行为规范，同时，父母应该和女孩一起遵守。规矩定得好，女孩也更容易成功。

这个暑假过完之后，嘉嘉就要读初中了。这个暑假对于嘉嘉来说，不仅让她学到了许多东西，更让她懂得该如何严格要求自己。她在这个暑假里，不仅预习了初中第一学期的所有课程，还参加了市里的游泳比赛，取得了优异的成绩。是什么让嘉嘉能够取得这样的成绩呢？

嘉嘉在很小的时候，就已经会做很多事情了。在嘉嘉3岁那年，爸爸就时常鼓励她，她应该自己学着洗脸了。嘉嘉很听话，可是由于她年龄还小，在洗脸的时候要么沾着一点水，在脸上这儿划一道，那儿划一道，总是洗不干净，要么把水弄得满衣服都是。妈妈看到非但没有笑话孩子，还夸奖嘉嘉说："这孩子真聪明，这么小就会自己洗脸了。"听到妈妈的鼓励，嘉嘉心里美滋滋的。后来，经过爸爸的指导，嘉嘉终于学会了洗脸，而且还学会了洗自己的手帕。

嘉嘉上了小学之后，爸爸对嘉嘉的要求就严格了。父女俩一起制定了一套"家规"：爸爸回家之后，一定要帮助妈妈做饭，吃晚饭之后还要刷碗；在家的时候，爸爸不能抽烟，也不能喝酒；嘉嘉回到家之后，一定要先写完家庭作业，然后才可以出去玩；看电视的时候，时间不能超过1小时，而且不能离电视太近；还要求嘉嘉，当天的事情必须当天完成，不能拖到第二天。父女俩制定了这些规定之后，两人还很认真地签了字，谁要是没有按规定上的要求去做，就要受到相应的惩罚。

嘉嘉觉得，这样的规定对自己很有好处，在平常都会按规定去做。有时候稍微偷点懒，爸爸就会拿出规定来教育她。而爸爸有时候忍不住想抽根烟，嘉嘉知道后就会对爸爸进行"思想教育"，让爸爸及时认识自己的错误，并能够改正，在以后按照"家规"上的条款去做。

经过这样的教育，嘉嘉的自律意识提高了，在平时她都会严格要求自己。这一举动同时也提高了嘉嘉的学习成绩。

制定一些规则，让女孩持之以恒地执行，对于自律意识的培养很有意义。这些规则可以涉及生活、学习、卫生等方面。规则不要太多，也不能过细，那样会压抑女孩的探索欲望。对女孩适用的规则，要让女孩坚决、严格执行。女孩不经过磨炼是不能学会自制和自律的，让她吃点小苦头，却能培养出让她终身受益的自制力。父母切不可过于溺爱，动摇了立场，而使女孩得过且过，这样做最终受害的是女孩。

3.让女孩学会延迟满足

培养女孩的自律也可采用延迟满足法。在很多时候，天性使然，女孩都会先选择自己喜欢的，排斥不喜欢的。但是，在成长过程中她们总要长大，不可能一味按照自己的喜好来。

20世纪60年代，美国心理学家瓦特·米伽尔曾做过一个著名的实验。研究人员给一些4岁小孩子每人一颗好吃的软糖，同时告诉孩子们可以吃糖，如果马上吃，只能吃一颗；如果等20分钟，则能吃两颗。有些孩子急不可待，马上把糖吃掉了。另一些孩子却能等待对他们来说似乎无尽期的20分钟，为了使自己耐住性子，他们闭上眼睛不看糖，或头枕双臂、自言自语、唱歌，有的甚至睡着了，他们终于吃到了两颗糖。在美味的软糖面前，任何孩子都将经受考验。

这个实验后来一直继续了下去，那些在他们4岁时就能等待吃两颗糖的孩子，到了青少年时期仍能等待，而不急于求成；而那些急不可待，只吃了一颗糖的孩子，在青少年时期更容易有固执、优柔寡断和压抑等个性表现。

当这些孩子长到上中学时，就会表现出某些明显的差异。对这些孩子的父母及教师的一次调查表明，那些在4岁时能以坚忍换得第二颗软糖的孩子多成为适应性较强、冒险精神较强、比较受人喜欢、比较自信、比较独立的少年；而那些在早年已经不起软糖诱惑的孩子则更可能成为孤僻、易受挫、固执的少年，他们往往屈从于压力并逃避挑战。

对这些孩子分两级进行学术能力倾向测试的结果表明，那些在软糖实验中坚持时间较长的孩子平均得分高达210分。

研究人员在十几年以后再考察当年那些孩子后来的表现，研究发现，那些能够为获得更多的软糖而等待得更久的孩子要比那些缺乏耐心的孩子更容易获得成功，他们的学习成绩要相对好一些。在后来的几十年的跟踪观察中，研究人员发现有耐心的孩子在事业上的表现也较为出色。

这个实验告诉我们，一个人要取得卓越成就，实现人生目标，应具备控制冲动、抵制诱惑的能力，而这种能力是可以通过后天培养教育来获得的。

在日常生活中，父母要有意识地训练女孩学会等待。当女孩向父母提出某些要求时，可视情况延迟满足女孩的欲望。让女孩等上一段时间后再实现她们的愿望。女孩有了这样的体验后，就有了经验，想要得到东西，就需要耐心等待。于是，女孩逐渐就能培养起耐心和自控的习惯。

4.让女孩学会控制情绪

能控制自己的情绪，是自律的表现，对于每个人而言都是相当重要的，对女孩来说也是如此。孩子由于年幼，情绪调控能力比较薄弱，主要表现为情绪的易激动性、易感性、易表现性。父母有责任指导女孩学会管理情绪，提高自控力。

> 徐凯是一名大三的学生，好多年幼时经历的事情已经被他忘记了，但在他10岁那年发生的一件事却一直令他记忆犹新。那一年的一个周末，他和朋友约好去郊外远足，但父母却说什么也不同意他去。徐凯感到十分愤怒，他跑回自己的房间，捏紧拳头在墙壁上猛击。他一面哭一面打，双拳血肉模糊都没感觉到。任何人的劝说，他都听不进去。最后，他父亲气得揍了他一顿。后来，母亲一声不吭地进来给他涂止痛药，并包扎好，但是，母亲始终没有说一句话安慰他。于是，又恨又怒的徐凯又倒在床上大哭了半个多小时。直到他心态平和后，母亲才进来对他说："能控制自己情绪的人就能掌握自己的命运。发怒本身就是一种自我伤害，而且对事情的解决是于事无补的，需要好好克服。"
>
> 就这样，母亲对他所说的话就深深地印在了徐凯的心中。虽然现在他已经成年了，懂得了许多道理，但只要一回想起那时的事情，他就觉得母亲那次对自己说的话是这一辈子最值得珍惜的。

女孩是正在成长中的人，她们的心智还没有完全成熟，她们没有那么多心力来承担成人的喜怒哀乐。父母要以安慰和关爱的言辞对女孩施与同理心，帮助女孩发泄他们的情绪，辅导女孩进行情绪调整，如冷处理、设法转移孩子注意力等。同时父母也应帮助女孩学习主动自觉地控制其情绪，例如，在盛怒时，不妨赶快跑到其他地方，或找一些体力活来干，或者干脆跑一圈，这样就能把因盛怒激发出来的能量释放出来。

5.培养经得起诱惑的女孩

只要在这个世界上生存，就会接触到来自各方面的诱惑。诱惑可以使人沾染不良习气，迷失方向，甚至影响生活和以后的人生。然而，成功者之所以成功，就是因为他们能够约束克制自己的冲动，抵制住"糖果"的诱惑。为此，父母在女孩的成长过程中，应适时培养她们抵制诱惑的能力。

周末的一天，妈妈带小岳去逛超市。一到超市后，小家伙的眼睛就开始放光了，总是东看看、西瞅瞅。这不，刚走到食品架前面，她就瞅准了一盒果仁巧克力。可是没过一会儿，她吃完果仁巧克力之后，又开始嚷着要巧克力了。那么，妈妈再给她买了巧克力，接下来她吃完后还要怎么办呢？她要是再要其他东西呢？

生活中，这样的现象时有发生。女孩在成长的过程中，会面对很多的诱惑，比如说她爱吃糖果，无论吃多少都不够；到商场里，到处是玩具，哪个她都想要；等等。从小长到大，诱惑每天在身边出现，而且不止一个，这个时候，父母该怎么做？

对待这种情况，父母可以告诉女孩，妈妈（爸爸）带她去看玩具，但是今天只能给她买一件玩具。为什么？因为好的东西有很多，但不是妈妈（爸爸）都能买得起的，妈妈和爸爸的能力只能买这样一个。同时，父母也可以给她定一个小目标，如果她哪方面做得好一些，父母可以给她再奖励一个。这样女孩就有可能学会节制，同时也学会为下一个目标去奋斗。

有主见，女孩要自己主宰人生

生活中，很多父母喜欢听话的孩子，把孩子是否听话作为评判好和坏的标准。听话的孩子固然是好孩子，但是，一味地听话而没有了自己的主见，这同样会成为孩子的"短板"，从而会对孩子的成长造成不良的影响。要知道，一个成功者离不开的一个关键性性格特点就是有主见。因此，父母在教育女孩乖巧听话的同时，也要教育女孩有自己的决断。

一名中考刚结束的学生，在选择高一级学校时，与父母发生了分歧。父母都是知识分子，希望自己的女儿将来也能像自己一样当个教授或成为医生之类的，因此他们坚持让女孩上高中。但女儿酷爱艺术，想考音乐学院。最后父母占了上风，私自在一所高中给她报了名。父母以为给女孩报了名，女孩就会死心，乖乖地在学校念书。然而事情并不像他们想的那样，在上学期间，女儿经常逃课，深夜与其他同学一起翻出学校围墙到网吧上网，最后被学校开除了。

被学校开除，女孩显得很高兴。有人问她为什么被开除了还高兴，这个女孩说道："我根本不喜欢这所学校，我想上音乐学院，可父母坚决反对，我只好逃课、上网，借此消磨时光。现在我被开除了，他们就得把我送到音乐学院了。"

造成这一现象的主要原因是，父母剥夺了孩子的自主权利。生活中，很多父母在关系到孩子人生重大的事情时，不给孩子任何选择的机会。特别是到孩子上了高中时，部分父母对孩子限制得更紧了，他们全然不顾孩子的实际情况和感受。选择文理科时，他们会出面，代替孩子做出选择；高考填报志愿时，不惜违背孩子的意愿去选择一些自己认为理想的专业。

结果孩子进了大学后，对父母所选择的专业不感兴趣而闹退学的也不在少数，这时父母再后悔也迟了。这样的例子经常见诸各种媒体，它给父母们敲响了警钟：与其越俎代庖，不如给孩子充分的选择权。

其实，孩子都是独立的个体，他们有自己的观念和判断力。人做决定的能力也是慢慢成长的，如果父母总是不给孩子机会，他们可能永远不会自己做出决定。所以，父母们应该从小培养孩子遇事自己做决定，从小事做起，慢慢培养孩子的思维逻辑能力与判读能力，进而培养孩子的独立性。

琳琳是个初中二年级的学生，有一天下午放学回家，她来到正在看报的妈妈面前，用低低的声音说："妈妈，我想要100块钱。"妈妈一愣，因为琳琳是个从不乱花钱的孩子。难道她在外面惹了什么事吗？妈妈没言语，琳琳接着说："明天我们学校进行文艺会演，我排了一个舞蹈，想花钱去租一套专业的舞蹈服装。"

妈妈问："没听说你会舞蹈啊，是谁给你编排的舞蹈呢？"

琳琳说："我要说了您可别生气，我前几天下午的自习课没上，自己到艺校找老师学了一个独舞。"

对此事一无所知的妈妈特别惊讶，问她去了几天。琳琳说："我只去了三天，不会影响功课的。"

妈妈问她："你为什么不提前和我说呢？"

"提前说您肯定不让我去，怕我耽误功课。"

琳琳以为妈妈会对她大加指责，谁知妈妈并没有指责她的先斩后奏，而是对她说："你已经是个大孩子了，很多事情可以由自己决定，妈妈信任你！"第二天，妈妈还带着摄像机来到了学校，并给琳琳的表演以很高的评价。

做事有主见在一个人的成长过程中是一项很重要的能力。很多父母会误认为女孩只有长大懂事后才会有自己的主意，殊不知有主见的女孩是从小开始培养的。因为，几岁到十几岁的女孩往往都以自我为中心，父母如果不能体察她们的内心世界，不注意尊重她们的自主要求，一味按照自己的想法为她们规定学习和生活的模式，女孩的依赖性就会越来越强。这样的女孩长大后，很可能会成为一个优柔寡断、遇事毫无主见的人。

需要注意的是，培养女孩有主见并不是让女孩不听劝告、一意孤行，而是希望女孩在面临选择时，保持清醒的头脑，不人云亦云，有自己的思考和判断。这样，可以有效避免或减少成长过程那些不必要的损失或失败。

篮球明星乔丹的妈妈曾深有体会地说："在对孩子放手的过程中，最棘手的问题是让孩子去追求自己的梦想，自己做出决定，选择与我为他们设计的不同的发展道路。"自主选择是一种能力。父母要注重女孩这种能力的培养，它是建立在对自己负责的基础上的。尽管有的女孩年龄尚小，但也有自己独立的人格，女孩们的事应该由她们自己做出决定。如果父母能够把选择的权利交给女孩，尊重女孩的选择，女孩就会感受到被尊重、被信任，从而产生自信和成就感，感受到自己能把握生活。

1.让女孩自己做决定

女孩的自主性往往表现在她的选择上，但父母由于怕女孩自己选择错了，总是不敢把选择的权利交给女孩。可是，如果从来不给女孩选择的权利，她也就永远学不会选择，永远没有自主性。

谢军是享誉世界的国际象棋特级大师，曾获得过多项世界冠军。很多人羡慕她的辉煌成就，但很少有人知道她之所以能够取得这样的成就，完全是因为父母给了她自主的机会。

1982年，12岁的谢军小学即将毕业，但她却面临了两难境地：是升重点中学还是学棋。在这个分岔口谢军举棋不定。

小学6年中，谢军曾有7个学期被评为三好学生，这样品学兼优的孩子谁见谁喜欢，学校当然要保送她上重点中学。

但是，国际象棋的黑白格同样牵引着谢军和她的一家人。在这个节骨眼，母亲的一席话给了谢军莫大的勇气，让年纪小小的她学会了自主，学会了对自己负责。

母亲叫来了谢军，用商量的语气说："谢军，抬起头来，看着母亲的眼睛。你很喜欢下棋，是不是？"

谢军目光坚毅、严肃地看着母亲的眼睛，坚定地说出七个字："我还是喜欢学棋。"

听到女儿的话后，母亲同意了她的选择，同时又严肃地说："很好，不过你要记住，下棋这条路是你自己选择的，既然你做出了这个重要的选择，今后你就应该负起一个棋手应有的责任。"

一个12岁的女孩很难懂得和理解这段话，但却理解了父母的良苦用心。

正是母亲的这段话，使谢军受益一辈子。假如当初没有这段话，或者是父母包办决定女儿的前途，都不会有今天的谢军，也不会有中国这位国际象棋"皇后"。

自己的人生要自己做出选择。女孩在成长过程中会遇到很多重大抉择，这时父母切忌"包办"，而是要给女孩自由，让她自己经过思考后再做出决定，比如，高中时选择文科还是理科，升学择校，这些几乎是每个女孩都面临的、关系到自己人生的重大问题。这个时候，父母就应该放手让女孩自己去选择。更为重要的是，父母应该告诉女孩这样一个道理：选择时要慎重，选择了就不要后悔。

2.为女孩提供建设性意见

让女孩有主见并不是鼓励她去盲目地做事情，而是让女孩在掌握了事情的发展趋势的情况下再去做事情。因此，在女孩进行重大决定时，父母可以帮助女孩收集资料，了解和熟悉各选项，为女孩分析指导，有助于女孩进行科学选择。

名震世界的男高音歌唱家帕瓦罗蒂曾在父亲的教导之下正确地做

出了人生选择，向人们展示了他歌唱方面的才华。

帕瓦罗蒂小的时候就显示出了唱歌的天赋。长大后，他仍然喜欢唱歌，但是他更喜欢孩子，并希望成为一名教师。于是，他考上了一所师范学校。

临近毕业的时候，帕瓦罗蒂问父亲："我应该怎么选择？是当教师呢，还是成为一个歌唱家？"他的父亲回答："孩子，如果你想同时坐两把椅子，你只会掉到两把椅子之间的地上。在生活中，你应该选定一把椅子，并且在选定之后，就要义无反顾地坚持到底。"

听了父亲的话，帕瓦罗蒂选择了唱歌这把椅子。可遗憾的是，七年的时间过去了，他还是无名小辈，他甚至想到了放弃歌唱事业。但帕瓦罗蒂想起了父亲的话，于是他坚持了下来。

又经过了一番努力后，帕瓦罗蒂终于崭露头角，并且声名节节上升，成了活跃于国际歌剧舞台上的最佳男高音。

当一位记者问帕瓦罗蒂成功的秘诀时，他说："我的成功在于我在不断的选择中选对了自己施展才华的方向，我觉得一个人如何去体现他的才华，就在于他要选对人生奋斗的方向。"

在女孩自主选择的问题上，父母要懂得倾听女孩的心声，并尊重女孩的想法，让女孩做出选择，但要给女孩提出合理的建议并加以指导。父母可以试着了解女孩做出选择的依据和动机，可以把自己的经验和想法告诉她们，如果女孩的选择确实存在问题，也可以和她们一起来商讨解决。

3.一定要支持女孩的选择

一旦女孩做了正确的、适当的抉择，父母就应该全力支持她，不要讲些动听但无意义的话，不要中途改变主意，更不要自食其言。

微软创始人比尔·盖茨小学毕业后，父母将他送进了西雅图市一所名叫"湖滨中学"的私立中学。

盖茨中学毕业时，很想进入哈佛大学读书，这也是他父母的最大心愿。但是在专业的选择上，父亲与儿子却发生了严重分歧。盖茨的父亲在美国律师界的声望很高，他十分希望子承父业，所以主张盖茨选择法律专业。但盖茨对学法律当律师没有多大兴趣，他热衷的专业是数学和计算机。

父亲经过冷静思考，意识到若强迫盖茨学法律，只会扼杀他在计算机方面的特殊天赋，对儿子的长远发展肯定是极其不利的。最后，父母尊重了盖茨的专业选择，决定由儿子做主，让他在计算机领域自由发展。

然而，更大的分歧出现在盖茨进入哈佛仅仅一年后：盖茨决定离开这所世界一流的学府，与朋友一起创办计算机公司。这对他的父母来说是一个棘手的难题，他们百思不得其解，开始时也极力反对，但到最后不得不尊重儿子的选择。

比尔·盖茨自己做主的这次重大选择，无疑改变了他的一生，奠定了他成为全球"电脑王国"无可争议的领袖地位的基础。

比尔·盖茨最幸运的地方在于，他有开明的父母，在他做选择学校、选择专业、选择退学创业这几个重大决定时，最终都得到了父母的理解和支持。正是由盖茨自己做决定的这几次正确的选择，使盖茨的天赋、兴趣与他的事业找到了最佳的契合点，成就了他今日"富冠全球"的宏大事业。

每个女孩都有自己的梦想，当女孩树立了远大的志向之后，父母应当尊重她们的选择，不应横加干涉，更不要把自己的意愿强加给她们。相反，应鼓励、帮助、引导她们为实现自己的理想而努力奋斗。

4.鼓励女孩说出自己的想法和意见

每个女孩都有自己的想法，父母要允许女孩对自己不喜欢或者是不符合自己意愿的事情进行"反抗"，鼓励女孩勇于发表自己的看法，并鼓励女孩提问题，敢于争论，甚至向父母、老师提出质疑和挑战。这种做法，能够在很大程度上提高女孩的自信心，培养女孩的自主能力。

李涛是一个很开明的父亲。他对孩子具有宽容的心态、洒脱的教育，很少对孩子说"不准""不要"。他尊重孩子的个性，欣赏孩子的"淘气"，鼓励孩子说出不同的意见。

一次，李涛给女儿出了一道带启发性的思考题，"一棵树上站着三只小鸟，一个顽皮的孩子用弹弓打掉了一只，试问树上还有几只小鸟？"女儿说："三减一等于二，树上应该还有两只。"妈妈在旁边笑起来，说："女儿，你再好好想想。"但女儿却执着地说："就是两只嘛。"于是李涛启发她说："女儿有主见，敢于坚持自己的主张，是好样的。但是，你想一想，打掉的虽然只有一只，但弹弓一响，其他两只也就吓跑了，所以，一只也没有剩下。"这样才结束了争论。

生活中，父母应鼓励女孩有自己的见解，在女孩发表意见时，即使是错误的，也要让女孩说完，然后再给予适当的指导。对于女孩的正确意见，父母应该积极肯定和表扬，增加女孩主动表达的自信心。

在竞争中成长，在竞争中强大

现代社会是一个充满竞争的社会，有竞争才会有进步，有发展，对个人、集体、国家都是如此，一个人如果不具备竞争的意识和竞争的能力，很难在社会上立足。所以自幼培养孩子的竞争能力是不可或缺的教育内容。让孩子从小学会竞争，学会在群体中脱颖而出，对于孩子日后跨入社会、适应社会节奏无疑是有益的。

培养孩子的竞争意识和能力，是赋予孩子在21世纪畅行的"通行证"。竞争是为了最大限度地调动人们的潜质，调动大家学习、生活的积极性，教育孩子不甘落后，创造一种积极上进之风。

蒋巧丽初中毕业后，从农村来到市里的重点高中上学，由于以前学校的教学质量不是很好，所以，她进入重点高中之后，就显得不能适应了。尤其是在英语课上，她觉得自己总是听得云山雾罩，不知所措。

第一学期期末考试，她竟然没有一门功课及格，最惨的一科是英语，只得了36分。这一打击对蒋巧丽来说太大了，她觉得农村孩子始终比不上城市孩子，开始自卑和苦恼起来。于是，她就到小说里面寻找自己的"心灵寄托"，寻找一些虚无缥缈的感觉，并沉溺其中不能自拔。结果成绩更是一团糟，还差点儿被学校开除。她觉得自己与其在这里丢人现眼，还不如放弃学业。

爸爸知道她的这个想法之后，就对她说道："什么？放弃学业？这同战场上的逃兵有什么两样，即使你能够暂时逃避学习的竞争，步入社会后，你还能逃避的社会竞争吗？难道你真想一辈子当一个逃兵？"爸爸的这句话，一下子激起了蒋巧丽强烈的自尊心。"逃兵？我怎么会是逃兵呢？逃兵会被人说三道四的，我绝对不做逃兵！"就这样，蒋巧丽为了不让自己成为逃兵而树立了坚定的信念，开始刻苦学习。

其实，蒋巧丽并不是个笨孩子，刚开始成绩不好，只是因为她还没有适应新的环境。现在她树立了竞争意识，不甘心学习落后于人，决心超过别人，她的成绩自然提高了。高考的时候，她以780分的成绩打破了学校有史以来的最好成绩，进入了自己向往已久的大学。

从这个事例我们可以看出，如果蒋巧丽在暂时落后的时候，不想和别人竞争，一味地逃避，那么她就不会得到现在这样好的成绩，只能是个"逃兵"。

在实际学习、生活中，总有一部分孩子对学习或某项活动甘心落后，怯于竞争，表现出动摇、胆怯、逃避等消极意志品质。身为父母者，要让孩子明白竞争是现代生活中不可或缺的内容，学会竞争是现代人基本的生存能力，要在竞争中体现自我，从竞争中走出精彩人生。应鼓励孩子参与多种形式的竞争活动，让孩子尽可能地在竞争中摔打，经受成功和失败的考验，鼓励他们跌倒了再爬起来继续前进。

其实孩子的竞争意识是与生俱来的，最初的竞争性语言便是"我的最好""我的最大"……到了上小学后，他们经常构思一些有规则、有组织、有胜利者和失败者、有竞争性的活动。这些活动会激励孩子自觉地去努力，进而显示出自己比同伴更为优秀。更多的竞争则是在班级中展开的，比如学习、体育运动、交友等。可以说，竞争如影随形，时刻存在于孩子的学习和生活中。从小就培养孩子的竞争力，不仅能促进他的积极成长，更能决定他以后的命运走势。

开学不久，上初二的女儿告诉爸爸学校要举行运动会。爸爸说："那你有没有报项目呢？"女儿说不想报。爸爸说："我记得你跳远很不错，应该报一下，重在参与嘛。"女儿有所顾虑地说："报跳远容易，在跳远项目上得个名次就不容易了。"

爸爸对女儿说："爸爸非常支持你，这是一个展示你能力的好机会，但是爸爸并不看重最后的结果。因为参与的权利在你手里，而是否获得名次还要看别人的发挥。如果你没有获得名次，证明你的能力可能比别人差些，也可能说明你的实力没有完全发挥出来。爸爸看重的是你的勇气和自信，这才是最重要的。"

女儿听后一脸的轻松，高高兴兴地说："我明天就报跳远项目。"结果，女儿在跳远比赛中得了第三名。

竞争意识是一种积极的进取心。对于女孩来说，保持这种精神面貌尤其可贵。鼓励女孩参与竞争，可以增强女孩的自信心，女孩在竞争中表现出来的精神和才能会使女孩对自己做出肯定的评价，会激励女孩进一步奋发向上；可以克服女孩的胆怯、保守和自卑心理，使女孩看到集体的力量、群众的智慧，认识到团结的重要性；可以激发女孩强烈的求知欲望，因为竞争会使女孩认识到只有具备知识和能力才能领先，因而努力学习各科基础知识和基本技能。此外，还可以提高女孩的耐挫能力，有竞争，就免不了要遭受挫折，孩子品尝过竞争失利的滋味，可提高对未来可能遇到的挫折的承受能力。因此，父母应当适时地鼓励女孩勇敢去参与竞争。

1.培养女孩健康的竞争心态

当今社会，竞争越来越激烈，培养孩子的竞争意识和竞争能力已经成为当前家庭教育的重要内容。但父母不可盲目鼓励女孩参与竞争，更不要让女孩以为竞争就是不择手段地战胜对方，而应正确教育和引导，培养女孩健康的竞争意识。

斯宾塞是近代西方科学教育思想的倡导者、英国教育学家和哲学家。在他的精心培养下，他的儿子小斯宾塞获得了剑桥大学的博士学位，他的教育方法已成为欧美大多数家庭培养社会英才的指南。有一位哈佛大学的校长曾这样评价他："他像闪电一样冲击着美国和英国的学校教育。在美国，他的思想统治着美国大学达30年之久，他是一位真正的教育先锋。"

小斯宾塞一直被铁匠的儿子强尼视为竞争对手，因为小斯宾塞的成绩在班里一直遥遥领先。

小斯宾塞对这件事向来都不在意。直到有一次他在体育课上的长跑项目中输给了强尼，并且被强尼和其他孩子奚落，小斯宾塞才愤怒了，冲上去扑打强尼，但是强尼个子比他高，力气也比他大，小斯宾塞反而被推倒在地。

当斯宾塞了解了整件事后，说："孩子，你输给强尼是很自然的，但这并不是你的错，而是我没有加强你平时的体育锻炼……现在弥补还来得及，你愿意吗？你还想赢他吗？"

"想！"小斯宾塞擦干脸上的泪水，精神马上就提起来了。

于是，从第二天起，小斯宾塞就开始锻炼——为了超越自己，在跑步方面胜过强尼。

在第二个学期的长跑比赛中，强尼和小斯宾塞并列第一。小斯宾塞对这个结果感到很满足。

为了女孩的健康成长，作为女孩的第一任老师，父母要积极培养女孩健康的竞争心态。对于一些竞争欲望过于强烈的女孩，父母要帮她们端正心态，让女孩明白竞争是展示自身实力的机会，是件美好的事，要用从容的心态看待超越和被超越，不应充满妒忌和愤懑。还要启发女孩在竞争中表现出高尚的情操，不要以打击对方的方式来达到自己的心理平衡，让女孩认识到竞争不应是阴险狡诈的欺骗、暗中算计人，应是齐头并进，以实力取胜。

2.给女孩找个竞争对手

这是个充满竞争的社会，无论是在学校里，还是在工作中，处处都存在着竞争。父母应该替女孩找个竞争对手，让女孩去体验竞争，学会竞争。合适的竞争对手就像孩子的一个参照物，有了这个参照物，孩子会时刻警觉，时刻给自己打气。因为害怕落后，所以会不断超越，争取更大的进步，其实这就是一种竞争意识。这种意识能激发人身上潜在的能量，使之发挥更大的作用。

李佳从小学一年级一直到四年级都是班级第一。老师经常表扬她，同学羡慕她，爸妈也为她感到骄傲。所以李佳慢慢地骄傲起来，觉得随便应付一下，成绩就会不错。妈妈常常跟她说："佳佳，要努力一些，虽然你现在是第一，但还是要严格要求自己。"

可是李佳却说："反正我的状态再不好，同学也很难超过我。没关系的。"就这样她开始放松学习。

不久，班级转来一个新同学。这是一个漂亮文静的女同学，叫茵茵。她来之后第一次考试就比李佳考得好。李佳坐了整整四年的"第一"的位置，竟然被一个刚来的小丫头给抢了。

李佳沮丧地回到家，什么也不想干。妈妈问清了原委之后对李佳说："佳佳，这是一件好事啊！"

李佳抬起头问："怎么个好法？"

妈妈说："佳佳，妈妈给你讲一个故事。有一个商人把某地特产鱼销往各地，但是在运输途中，那些鱼往往会死一大半。后来他向一个有经验的老者请教，老者告诉他，只要把这鱼的天敌一起放入水箱中就可以了。于是商人带着困惑，抓了几条这种鱼的天敌放进去。结果，一路上，鱼箱里的鱼为了躲避天敌的追赶，不得不快速游动，整个鱼箱都闹腾腾的。到了目的地，商人发现，鱼死亡的数目果然少了很多。"

李佳沉思了很久，悟出了故事的道理，于是自信地说："妈妈，我一定要战胜她！"

接下来的一次考试，李佳以微弱的优势又得了第一。但是她再也不是"独孤求败"了。以后每次考试，她和茵茵两人总是你追我赶，不甘示弱。妈妈欣慰地看到，李佳在学习上比过去认真刻苦了很多。

事例中李佳因为长期没有竞争对手，对学习开始马虎起来。当她有了一个竞争对手以后，就激发了斗志，开始加倍努力地学习。

所谓"天外有天，人外有人"，孩子在没有对象可以去比的时候，感觉自己是最棒的。可当他遇到对手时，才能发现原来自己要做的努力还很多。所以，若想让孩子健康成长，就要为他们寻找对手，激发他们的竞争意识，让他们从小懂得优胜劣汰的道理，有利于发挥他们内在的潜能。更重要的是，这种竞争意识的强化，能激励他们不断进步，不断提高自己各方面的能力。

3.教育女孩正确对待竞争中的胜利与失败

竞争，总会伴随着成功与失败，怎样正确对待输赢将直接影响一个人的竞争行为，竞争最终将是意志力的较量。因此父母应教育女孩正确对待竞争中的胜利与失败。

周丽淇是一名初一的学生，她喜欢各项活动，也喜欢与大家一起比赛。但周丽淇有个不好的毛病，就是如果自己比赛输了，就会心情郁闷，不爱说话，好多天后心情才能调整过来。而只要心情一转好，她又会参加下一轮的竞争或比赛。

妈妈很怕周丽淇参加比赛，但如果不让她去又怕影响她的身心健康发展。妈妈就耐心地开导周丽淇说："比赛有赢就有输，输了要能面对和接受，心情不好不能解决任何问题。应该吸取经验，发奋努力，争取下次的胜利。你想想我说得对吗？"听了妈妈的话，周丽淇认真思考了一下，冲着妈妈一乐，说道："我知道应该怎么做了，谢谢你，妈妈。"

以后，周丽淇不再为失败烦恼了。她一样喜欢参加竞技活动，喜欢比赛，输了就总结经验，发现不足，然后改进，争取下次的胜利。渐渐地，周丽淇胜出的次数多了起来。

有竞争就必然有胜利和失败，父母在孩子取得胜利时，要让其知道一山更比一山高的道理，终点永远在前面，失败时也别以为世界末日到了，耐心帮孩子找出失败的原因，矫正其努力的方向。胜利时扬扬得意，失败时垂头丧气，都是缺乏良好竞争意识的体现。

4.让女孩竞争的同时也要学会谦让

培养女孩的竞争意识是必要的，让女孩拥有"当仁不让，舍我其谁"的气概也不错，但是"当仁不让"绝非"处处不让"，"舍我其谁"绝非"目中无人"。只有拥有较强的竞争意识又具有谦让的品质，才能在群体中，在未来的社会竞争中，团结他人，开创美好的未来。

媛媛从小就懂得要谦让别人。刚上幼儿园时，一个小男孩把媛媛的玩具机器人抢走了，她既没哭也没发狠抢回来。等那个小男孩玩了一会儿不玩了，把机器人扔在地板上时，她再捡起来，并对小男孩说："你不玩了吧？那现在该我玩了，你不要再抢我的了。"

媛媛上大班了。一个星期天，媛媛的妈妈和几个熟悉的朋友带着孩子一起去爬山。一个孩子提议说："我们比赛爬山吧，看谁先爬到山顶。"媛媛在几个小朋友的邀请下参与了比赛。比赛中，大家都很卖力地爬着，就在即将到山顶的时候，有一段狭窄的小道。眼看在最前面的媛媛就要率先到达山顶了，几个小朋友慌忙地往前挤。媛媛没有说什么，主动让开了道说："你们先走，我正好累了，歇一会儿。"

在后面的几个孩子的父母看到了媛媛的做法，纷纷夸奖媛媛。几个小朋友也明白，其实媛媛原本应是第一个到达山顶的。当然，也有一个孩子的父亲数落媛媛的妈妈："你的孩子怎么这么没有竞争意识啊，现在的社会，人人争先恐后，她倒好，'歇一会儿'，自甘落后，这怎么行啊？"对此，媛媛的妈妈只是微微一笑。

我们选择了竞争，但也不能丢弃了关爱和谦让。不要为了培养女孩的竞争意识而让女孩变得残暴不仁，应该时刻不忘记教女孩谦让。正是因为竞争原本是争先恐后，甚至有时候是你死我活的，女孩的谦让才显得更为可贵，女孩会因为谦让而赢得更多的尊重和欢迎。

有计划地调配自己的时间

在时间飞逝的年代，谁能够把握、利用时间，谁就最能够接近成功的终点。美国总统林肯先生曾说过："每个人都要树立时间观念，都应珍惜时间，要学会利用有限的时间，在限定的时间内办完事，把握零碎的时间，做好时间管理的计划。"

1958年，英国历史学家、政治学家诺斯古德·帕金森出版了《帕金森定律》一书。帕金森经过多年调查研究，发现一个人做一件事所耗费的时间差别如此之大：他可以在10分钟内看完一份报纸，也可以看半天；一个忙人可以在30分钟内写完一封信并寄出，但一个无所事事的人，可以足足花一整天，找信纸一个小时，找钢笔一个小时，查地址半个小时，写问候的话一个小时零一刻钟……由此得出结论：不同的人做事效果截然不同。一个效率高的人，可以在最短的时间内完成几项任务；而一个行动迟缓的人，在同样的时间内，却一事无成。究其原因，就是因为他们的时间观念和态度不同。

有这样一个事例：

> 一个人想泡壶茶喝。当时的情况是：开水没有；水壶要洗，茶壶茶杯要洗；火生了，茶叶也有了。怎么办？办法一：洗净水壶，灌上凉水，放在火上，坐待水开；水开了之后，急急忙忙找茶叶，洗茶壶茶杯，泡茶喝；办法二：先做好一些准备工作，洗水壶，洗茶壶茶杯，拿茶叶；一切就绪，灌水烧水；坐待水开了泡茶喝。办法三：洗好水壶，灌上凉水，放在火上；在等待水开的时间里，洗茶壶、洗茶杯、拿茶叶；等水开了，泡茶喝。哪一种办法省时间？我们能一眼看出第三种办法好，前两种办法都浪费了时间。

由此可见，合理安排时间，就等于节约时间。每个人在同一时期拥有的时间数量是相等的，但是在相等的时间里所从事的工作的效果、业绩却不是相等的，这就是每个人的效率不同。要想切实提高效率，掌控好时间显得至关重要。

时间管理对于每个人来说都是非常重要的，无论是对大人，还是对孩子，无疑都是至关重要的。教女孩如何珍惜时间、有效地利用人的短暂的一生，去成就辉煌的学业和事业，这是每一位父母应该认真思考的人生课题。

暑假的一天下午，丽丽边用手揉着眼睛边背着单词。

"女儿，你怎么现在背单词，你记得住吗？"

"哎哟，妈妈，真被您说中了，我背了老半天，一个也没记住，我该怎么办呢？"丽丽一边用手揉了揉太阳穴，一边叫苦道。

"那你为什么不选择早晨背单词呢？"

"早晨？哦，我在补写昨天的日记。"

"那昨天晚上你不写日记，干什么去了呢？"

"我在看一本智力游戏的书。"

"那你知道自己一天中什么时候学习效率高、记忆力最好吗？"

"早晨和中午。"

"那你为什么不在这个时间记单词呢？"

"这……我……"

瞧瞧，丽丽就是一个典型的不会合理安排时间的孩子。

现实生活中，像丽丽这样不善于利用有效时间的女孩还大有人在。难怪许多家长也都抱怨孩子松松散散、拖拖拉拉，"一点时间观念都没有"。不珍惜时间，无法合理安排时间的女孩往往缺少自我控制的能力，缺乏不断前进的动力。如果父母在早期教育中让女孩养成了良好的时间观念，就等于给了女孩美好的开端。因为善于利用自己时间的人将会获得高效率的办事结果，是最能出成绩的人。所以，在女孩不善于利用时间时，父母应该运用一定的方法帮助女孩养成合理安排时间的好习惯。

1.让女孩养成"今日事今日毕"的好习惯

"今日事今日毕"，是一句自古流传下来的谚语，提醒并激励人们要珍惜时间。父母应该们从小就教育女孩养成"今日事今日毕"的好习惯。

"丽丽，你今天的日记写了吗？"妈妈来到女儿的卧室，见她正在看《哆啦A梦》，便问道。

"哦，妈妈，您别担心，我刚才已写了一半了。"

"哎，你这孩子，写了一半怎么就不接着写完呢？"

"这有什么关系？没写完的我可以明天再接着写呀。"

"明天，明天你还有明天的事呢。丽丽，妈妈发现你这一段时间做事总喜欢开了头就没有结尾，这可不是个好习惯。你得改改了。"

"妈妈，您怎么那么爱唠叨啊！我说了明天会接着写的。"

"丽丽，你不要把每件事都拖到明天，今天的事情就得今天完成！"妈妈的语气严肃起来，"你今天必须写完日记，否则，就把《哆啦A梦》交给我暂时保管。你什么时候改掉了拖拉的坏毛病，妈妈才把书还给你！"

"妈妈……"

"丽丽，没有商量的余地了。你必须先做完今天该做的事！"说完，妈妈转身出了女儿的卧室。

见妈妈真的生气了，丽丽这才意识到自己每天都拖着不写日记，后来补写的行为确实不对。于是，她静下心来，接着写刚才没写完的日记。后来，丽丽每当事情做了一半就想放下时，便会想起妈妈的话，于是又强迫自己努力去完成。就这样，丽丽逐渐克服了做事拖拉的坏习惯。

生活中，很多父母都遇到过这样的情形：孩子做事磨磨蹭蹭，没有时间观念，作业写了一半就放下，看电视去了；日记落下好几天，想起来再去补写；等等。孩子之所以会有把事情做了一半就放下，隔天再做或根本忘了做这样的习惯，一方面与他们自控能力较差有关，另一方面也与父母的放纵有关。假如父母经常教育孩子今天的事要今天完成，或者在发现孩子做事拖拉时给予警告，那么孩子就会克服这个坏习惯的。

2.教女孩制订行动计划

做任何事情都应该有计划，只有这样事情才能够有条不紊地进行下去。生活中，有很多女孩做事没有计划，想起什么做什么，往往做了这件事，忘了那件事，到头来什么事情也做不好。女孩做事没条理没计划，说明女孩的逻辑思维能力不强，处理问题缺乏系统性。所以，父母要教会女孩做事之前有计划。

　　放学了，杨颖背着书包回到了家。爸爸妈妈还未下班，她想起有很多作业没做，于是独自一人把作业都拿了出来。先写哪一门呢？她翻翻语文，看看数学，再瞧瞧英语，过了好一会儿终于决定要先做数学，但是刚开始不久，就碰到了一道难题，她想了一会儿，觉得毫无头绪，于是又打开了语文作业。没过一会儿，爸爸妈妈下班了，看见杨颖一个人在写作业，非常高兴，夸了她两句便下厨房做饭去了。作业毕竟是枯燥乏味的，没过一会儿，杨颖突然想起放动画片的时间到了，昨天的剧情不知道发展到哪儿了，满心想把作业写完了再去看电视，但是书上的字仿佛一个个都变得不认识了似的，眼前仿佛晃过了动画片的情节。再也忍受不了这种折磨了，杨颖坐到了电视机前。

　　吃过晚饭，杨颖又自觉地坐到书桌前，突然想起前些天看过一本手工制作飞机模型的书，觉得很有意思，于是翻出了那本书，津津有味地看起来。时间不知不觉地过去了，爸爸妈妈过来催促杨颖早点写完作业好好休息。杨颖看了看摊在桌上的只做了一半的作业，叹了一口气："唉，时间怎么就不够写作业的呢？"

　　是杨颖不用功吗？是杨颖不自觉学习吗？是杨颖笨吗？其实都不是。问题在于杨颖没有很好地规划时间，做事情不够专心，所以效率比较低下。因此，重要的是应该制订一份周密可行的学习计划。严格按照计划去执行。

　　后来，在妈妈的帮助下，杨颖制订了一份合理可行的学习计划，从此以后，杨颖的这些"烦恼"统统解决了，不仅生活变得有条理起来，成绩也显著提高了。

　　对于孩子来说，做事情缺乏条理、没有计划是儿童时期的一种自然反应，但如果此时父母不注意引导，孩子们往往会养成不良的个性，从而给一生带来麻烦。所以，父母要重视此方面的培养。

不过，在制订计划时，父母应该告诫女孩，计划一定要与自己的实际情况相结合。目标不能过高，否则难以实现，便会挫伤女孩的积极性，使女孩感到不安，觉得自己不如他人；目标也不能过低，否则会阻碍女孩自身潜力的发挥。制订的学习计划要符合自己的实际情况，不能与自己所学的课程相违背。执行计划要坚决，不能三天打鱼，两天晒网。计划制订好后，要经常检查落实情况。

3．教女孩利用零碎的时间

每个人一天的时间都一样，但是善于利用零碎时间的人，就能得到更多的益处。

所谓零碎时间，是指不构成连续的时间或一个事务与另一个事务衔接时的空余时间。这样的时间往往被人们毫不在乎地忽略过去。在日常生活中，有许多零星、片断的时间，如在车站候车或吃饭排队的三五分钟，睡前或在医院候诊的半个小时，等等。教女孩珍惜这些零碎的时间，把它们合理地安排到自己的学习和生活中，积少成多，就会成为一个惊人的数字。

其实，每个人都有很多的零散时间，就算把生活安排得再怎么井然有序，总难免还是会在无意中多出一些零碎时间。但很多人都浪费了这些零散的时间，而没有能够将这些零散的时间一点一滴地积累起来做其他事情。父母可以教女孩学会利用每一点零散时间，比如让孩子在排队等车的时候背背英语单词，那么积少成多，相信孩子的英语词汇量会不断地增加。

4．帮女孩制定作息时间表

孩子没有养成良好的作息习惯，就不会具备合理把握时间的能力。时间资源利用得好，对孩子的生活和学习就会产生很大的帮助。孩子的随意心理比较严重，但是父母要让女孩养成有规律的作息习惯，这是让女孩养成时间观念的最好途径。

媛媛是一个缺乏时间意识的人，为了帮其改正这个毛病，妈妈和媛媛一起制定了各自的作息时间表。她们把自己的时间表画出来，并且贴在自己房间最显著的位置，而且媛媛和妈妈达成协议彼此互相检查执行的情况。

于是，每天在媛媛睡觉前，妈妈到媛媛的房间和她一起来讨论检查当天计划的执行情况。

妈妈会问媛媛："今天你有没有按照时间表上的时间来完成作业，有没有按照时间表上规定的时间吃午餐？"如果媛媛连续几天没有按照时间表上的时间来执行的话，妈妈就会与媛媛讨论是否有什么地方需要修改或者增加一些分类。

媛媛也会用同样的问题来问妈妈，并且检查妈妈执行的情况，如果妈妈没有按照时间表的计划来执行，那么就对妈妈有所惩罚。

这样进行了一段时间后，媛媛渐渐可以完全根据自己的事情和需要安排时间了，并且都执行得很不错。

为了提高女孩的时间观念，父母可以和女孩一起制定一个作息时间表，让女孩感觉到时间的流逝以及时间与自己某些活动的联系，最好是具体到细节，比如什么时间起床，洗漱需要多长时间，吃饭需要多长时间，放学后做作业和看电视多长时间，几点休息等，都要严格制定，这样会对孩子起到约束和监管的作用。对时间管理越严越细，效率越高。

5.培养女孩的专注习惯

小丽是小学三年级的学生。有一次，她和妈妈在路上遇见了班主任老师。班主任老师向小丽妈妈抱怨小丽上课时总不能和其他人一同按时完成课堂作业，好像跟不上似的。妈妈回来并没有批评小丽，而是同爸爸一起，仔细地观察她的学习习惯，分析原因，最终发现，出现这种情况的根本原因是她的不专心。于是，妈妈非但没有强迫她学习，反而叫她放学后尽情去玩，作业等妈妈下班回家后再写，但条件是必须在规定的时间内完成。由于要在妈妈规定的时间内完成，她就必须专心致志。于是从那以后，她做功课不再东张西望，写字的速度也快了许多。而且直到现在，她在听课或者自习时都极少走神，做作业的效率也比较高。

要想让女孩利用好时间，首先就要让女孩养成专注的好习惯。专心致志的品质其实是可以后天培养的，最切实可行的方法是从生活入手。比如，穿衣、吃饭、收拾书包、洗衣服等生活上的事情采用限时完成法，需要多长时间，事先和女孩一起设定好，然后督促女孩以最快的速度保质保量地完成。

让女孩扛起责任的大旗

责任是一种与生俱来的使命，它伴随着每一个生命的始终，我们从有认知开始就有很多责任。我们不仅对自己负有责任，还要对别人负责，对集体负责任，对国家负责，对社会负责。梁启超说："凡属我受过他好处的人，我对于他便有了责任。凡属我应该做的事，而且力量能够做到的，我对于这件事便有了责任，凡属于我自己打主意要做的一件事，便是现在的自己和将来的自己立了一种契约，便是自己对于自己加一层责任。"责任感对于一个人来说是极其重要的，因此父母要重视孩子责任感的培育。

责任心是人自主意识的表现，是干好一切事情的内在动力。在美国素有"领导人教父"之称的丹尼尔·韦特利博士曾告诫天下父母，早让孩子承担责任。丹尼尔·韦特利博士曾担任美国阿波罗计划的模拟培训师，是美国电话电报公司和戴尔、通用汽车等多家大企业的顾问，并先后为这些企业的高层领导开设过150多场主题为"提高领导力"的讲座。他在一次讨论会上说："父母最需要给予孩子的不是金钱而是教会他们如何正确地生活、负责任地工作。"他说，只有从小就具有责任意识，孩子将来才能成为一个对自己的行为负责，对组织、社会尽职的人，而这点，是一个领导者必备的素质。

责任心是孩子健全人格的基础，是孩子能力发展的催化剂，更是孩子成长所必需的一种特殊营养，它能够帮助孩子成长和独立。有责任心的人才能更好地发挥自己的实力，创造辉煌的人生。而一个对自己的行为后果没有责任心的人，是社会化的一种失败，因为他很难形成社会的归属感，很难适应社会生活。所以父母必须着重培养孩子的责任心。

美国品德教育联合会主席麦克唐纳曾说："能力不足，责任可补；责任不够，能力无法补；能力有限，责任无限。"对女孩进行责任意识和责任感的教育就是让女孩学会对自己负责，对他人负责，从而对社会负责。

有一位年轻人在自己的文章中，对母亲在一件事情上给过她的启迪很感慨：

中学时，我是住校生。每次离家前，母亲总不忘叫我带上一小袋米，因为我所就读的中学要求学生自己带米。

又是一次返校，因为疲劳，一上车我就昏昏欲睡。突然，一个急刹车把我从梦中唤醒。我睁开眼睛，昏昏沉沉间感觉前面有一摊耀眼的白色。定睛一看，我大叫起来："天啊，我的米！"不知何时，米袋口脱开，米从袋子里滚落下来，摊在地上成一堆白色。当我失声惊叫的时候，一个冷漠的眼神从旁边斜射过来。我看见一张写满不屑的脸仿佛在告诉我他看到了米滑落的整个过程。刹那间，我的整个肺都要气炸了，他怎么可以这样漠不关心、见死不救？世界上竟然还有这样的人存在！我不知道应该用哪一种方式去让自己平静。我只是蹲在那个人的面前，用双手一捧一捧地把米送回袋子，然后安静地等着下车。

此后，我一直被一种从未有过的愤怒和惘然所包围。我开始怀疑一些东西，重新审视身边的一切。

　　当我又一次回到家里，讲述那天车上的遭遇时，我余怒未消，用最狠毒、最丑恶的字眼儿来诅咒同车的那个人。我满以为母亲会与我同仇敌忾，声讨这个人的劣行。不料母亲却平静地说："孩子，你可以觉得委屈，甚至可以埋怨，但你没有权力要求别人去承担你自己的责任和过失。作为母亲，我只能希望我的女儿在别人的米袋口松开时，能帮忙系上。"

　　的确，自己的事情要自己负责，凡事不要把希望寄托在别人身上，更不要盼望着让别人来为你担当责任。

　　责任感是孩子前进的一种动力，缺乏责任感的孩子只会坐享其成，缺少前进的动力。许多孩子出生在幸福的家庭，父母望子成龙心切，一心想让孩子成才，在这美好愿望的驱使下，许多父母心甘情愿、尽其所有、尽其所能地替孩子做一切事，把孩子的责任担到自己肩上，结果却使孩子缺乏奋发向上的愿望、缺乏责任心，这样的孩子是不可能成才的。可见，培养女孩的责任心是非常重要的。

　　责任心是人的综合素质中极其重要的组成部分，它可以促使人去努力完善自我，可以促人奋发上进。一个人只有有责任心，才会对自己负责，对他人负责，对家庭负责，对集体、对社会和国家负责，做一个有益于人民的人、有益于集体的人、有益于国家的人。女孩年少无知，她们的责任心基础不厚，方向不明，必须依靠父母对其耐心培养教育，使"责任心"牢固地占住她们的心田。

　　每个人都不是天生就具有责任感的，责任感都是在适宜的条件和环境下萌发的，并随着年龄的增长和心智的逐渐成熟而形成的。因此说，家庭是女孩责任感赖以滋长的土壤，父母对待女孩的态度以及教育方法，是女孩的责任感能否形成的重要条件。父母必须高度重视，从小做起，从小事做起，让女孩在有责任感的氛围下快乐成长，在潜移默化中得到责任心的培养，养成良好的责任意识，从而培养女孩健康的人格。

1.父母要以身作则

父母的责任意识对培养女孩的责任心起到至关重要的作用。父母若在生活或工作中尽职尽责，女孩也会以同样的态度对待自己的学业和事业。因为，父母总是给女孩潜移默化的影响。

世界著名化学家、炸药的发明者艾尔弗雷德·诺贝尔对社会的责任感就来自父亲的言传身教。诺贝尔的父亲老诺贝尔对研制炸药特别感兴趣。一次，诺贝尔问父亲："炸药是伤人的可怕东西，为什么还要研制它？"老诺贝尔这样回答孩子："虽然炸药会伤人，但是，我们要用炸药来开凿矿山，采集石头，修筑公路、铁路、水坝，为人民造福。"听了父亲的话，诺贝尔接着说："我长大了，也要研制炸药，用它造福人类。"可见，父亲的责任感、事业心对诺贝尔的影响很大。

父母自身对家庭、对社会的责任心如何，对孩子来说是一面镜子，父母的责任心水平可以折射出孩子的责任心。一个对家庭、社会毫无责任感的父母，不可能培养出有责任心的孩子。父母在生活中所表现的责任感的强弱，是孩子最先获得的责任感体验。所以说，父母只有在生活中严于律己，给孩子做好表率，才能更好地去影响和教育孩子。

2.让女孩对自己的过失负责

女孩由于年幼，缺乏知识经验，经常会造成一些过失，这并不奇怪。譬如，女孩不小心打碎了花瓶，一时冲动伤害了别人，粗心大意造成了麻烦等。发生这类过失的时候，父母不应该责怪孩子或袒护女孩，应让女孩自己负责。

1920年的一天，有个美国小男孩和他的伙伴正在踢足球。一不小心小男孩将足球踢到了邻居的窗户上，将一块玻璃打碎了。一位老人立即从屋里跑出来，勃然大怒，大声责问是谁干的。伙伴们纷纷逃跑了，小男孩却走到老人跟前，低着头向老人认错，并请求老人宽恕。然而老人却十分固执，小男孩委屈地哭了。最后，老人同意小男孩回家拿钱赔偿。

回到家中，闯了祸的小男孩怯生生地将事情的经过告诉了父亲。父亲并没有因为其年龄还小而开恩，而是板着脸沉思着一言不发，坐在一旁的母亲总是为儿子说情，开导父亲。不知过了多久，父亲才冷冰冰地说道："家里虽然有钱，但祸是他闯的，就应该由他对自己的过失行为负责。"停了一下，父亲还是掏出了钱，严肃地对小男孩说："这15美元我暂时借给你赔人家，不过，你必须想办法还给我。"小男孩从父亲手中接过钱，飞快地跑去赔给老人。在当时，15美元是笔不小的数目，足足可以买125只生蛋的母鸡！

从此，小男孩一边刻苦地读书，一边用空闲时间打工挣钱来还给父亲。由于人小，不能干重活，他就到餐馆帮别人洗碗、刷盘子，有时还捡捡破烂。经过半年的努力，他终于挣够了15美元这一"天文数字"，并自豪地交还给了他的父亲。父亲欣然地拍着他的肩膀说："一个能为自己过失负责的人，将来一定会有出息的。"

许多年以后，这位男孩成为美国的总统，他就是里根。后来，他在回忆往事时深有感触地说："那一次闯祸之后，我就懂得了什么是责任。"

一般来说，孩子有过失的时候，正是教育的大好时机。因为内心的不安使他急于求助，而此时明白道理有可能刻骨铭心。父母要利用这个时机，耐心地给孩子讲清道理，明确指出弥补过失的办法，使孩子建立起责任心。

3. 别让孩子找借口

爱丽丝没有等到晚上放学就哭着回到了家，送她回来的是学校里的一位老师。爱丽丝的母亲萨利特斯问老师："这到底是怎么一回事？"

老师说，放学前小朋友们排队，可爱丽丝根本就不好好站，总是窜来窜去的，结果不知怎么，就和一个同学起了冲突。老师批评了爱丽丝几句，她就开始哇哇地哭个不停，还跟老师嚷嚷："我没错！我没有打他！"

母亲萨利特斯向老师道了谢，然后拉着爱丽丝进了门。

"怎么回事？"萨利特斯看着两眼红红的爱丽丝问道。

"我不小心和马克撞了一下，结果马克就使劲儿地推我，我踢了他一脚，马克哭了，老师就说我了。"爱丽丝脸上挂着两行泪珠，补充说道，"是他先推我的！"

听到这里，母亲萨利特斯基本上把事情的来龙去脉搞清楚了，她语气平和地问爱丽丝："难道你一点责任都没有吗？"

"没有！不是我的错！是马克先推我的！"

"好，现在我问你，如果你好好按照老师的要求排队，不乱跑，能不小心撞到别人吗？你没有撞到马克，马克会推你吗？"

爱丽丝默不作声了。

"现在你再仔细想想，你一点责任都没有吗？记住，不要总为自己找借口，把什么责任都推到别人的身上！遇事仔细想一想，为什么别人会这样对你，你是不是做了什么不对的事情。"

最后，萨利特斯对女儿爱丽丝说："你得学会对自己的行为负责！"爱丽丝用力地点了点头。

找借口几乎是人的天性，女孩也不例外。生活中，女孩常常会找出这样那样的理由和借口，来推托自己所做的事情。父母应及时而理性地纠正女孩这种不良的行为习惯，清除滋生"不负责任"的土壤。

4.让女孩承担一部分家庭事务

孩子作为家庭的一名成员，既应该享受其权利，当然也应承担一定的家庭责任，包括承担一定数量的家务劳动。父母可通过鼓励、奖惩等方式，督促女孩履行职责，培养责任心。如果在女孩很小的时候，你就教她要帮助父母做家务，她就会把做家务当成一种乐趣和生活中自然而然的一部分。

有个8岁的小女孩，她为家里取报纸已经3年了。在她5岁那年，她突然对取报纸产生了浓厚的兴趣，一听到邮递员自行车的铃声，就跑下楼去领取自家订的报纸。父母对她取报一事给予了表扬，夸她能干，并经常在外人面前称赞她。这样就激发了孩子主动取报纸的自豪感，她慢慢地形成了习惯，把这项劳动看成一种责任。

孩子责任心的建立不是通过口头教育完成的，而需要孩子在动手去做的过程中逐渐体会责任的重要。在平时生活中，父母要懂得给女孩安排一些她力所能及的任务，比如把一间房屋的卫生交给女孩，或者把洗碗的任务交给女孩，或者让女孩自己去买菜，等等。对于女孩力所能及的事，父母要创造条件有意识地锻炼女孩，让女孩学着负责任。只有多为女孩提供实践的机会，女孩才能逐渐提高自身的责任意识，女孩通过做事就会得到对"责任"的一种宝贵的心理体验，这样的心理体验多了，女孩的责任意识自然会得到强化和提高。

5.多给女孩子讲一些关于"责任"的故事或事例

生活中，父母可以给女孩讲一些因为负责而得到认可的例子，让女孩知道只有负责的人生才是轻松和自由的人生。

一家外贸公司招聘职员，经过几番考试后，最后留下三个人。面试地点在总经理办公室。总经理并没有问他们关于业务方面的问题，只是带领他们参观自己的办公室。最后，总经理指着一张茶几上的花盆对他们说，这是他最好的朋友送的，代表着他们的友谊。就在这时，秘书走进来告诉总经理，外面有点事情请他去一下。总经理笑着对三人说："麻烦你们帮我把这张茶几挪到那边的角落去，我出去一下马上回来。"说完，就随着秘书走了出去。

既然总经理有吩咐，这当然成了表现自己的一个机会。三人便连忙行动起来，茶几很沉，需要三人合力才能移得动。当三人把茶几小心翼翼地抬到总经理指定的位置并放下时，那张茶几不知怎么折断了一只脚，茶几一倾斜，上面放着的花盆便滑了下来，掉在地上裂成了几块。三人看着这突如其来的事情都惊呆了。就在他们目瞪口呆的时候，总经理回来了。看到发生的一切，总经理显得非常愤怒，咆哮着对他们吼道："你们知道你们干了什么事，这花盆你们赔得起吗？"

第一个应聘者似乎不为总经理的强硬态度所压倒，说："这不关我们的事，我们不是你们公司的员工，是你自己叫我们搬茶几的。"他用不屑一顾的眼神看着总经理。第二个应聘者却讨好地说："我看这事应该找那茶几的生产商去，生产出质量这么差的茶几，这花盆坏了应该叫他赔！"

总经理把目光移到了第三个应聘者的身上。第三个应聘者并没有像前两位那样，而是对总经理说："这的确是我们搬茶几时不小心弄坏的。如果我们移动茶几时小心一点，那花盆应该是没事的。"还没等他把话说完，总经理的脸已由阴转晴，脸上露出一丝笑容，握住他的手说："一个能为自己的过失负责的人，肯定是一个值得信任的人，你一定能得到大家的尊敬，我们需要你这样的员工。"

诸如这样的故事，父母可以多讲给孩子听，孩子就会知道责任可以创造机遇，责任是人生最安全的保障。孩子的心很纯，接受这样的故事多了，自然就知道什么是责任，如何做才是负责。

6.让女孩饲养小动物，种点花草

小敏今年6岁了，最近她在学习有关植物方面的知识。小敏迷上了植物，她觉得那些花草实在是太美了，便苦苦地哀求爸爸给她买一盆鲜花。

　　爸爸同意了小敏的请求，趁周末带着小敏到花卉市场买了一盆小花。父亲希望小敏看到小花生长的整个过程，并且能够自己照顾它。于是，父亲和小敏约定，由小敏负责照顾鲜花，给它浇水和施肥。

　　最初几天，小敏非常兴奋，每天耐心地给小花浇水，还根据日照的情况，不断给花盆挪动位置，并拿出本子，歪歪扭扭地在上面画出花卉生长的情况。

　　小敏的父亲看到小敏这么有责任心，十分满意。可是，没过多久，小敏的父亲发现小敏给花浇水的次数越来越少了，甚至好多天都不给小花浇水，也不做记录，似乎她已把养花的事给忘了。结果，小花慢慢枯萎了，叶子也开始泛黄，生长的速度减慢了，完全没有了生机。

　　一天吃过晚饭，父亲把小敏叫到阳台，说："你给花浇水了吗？"

　　小敏低着头说："没有。"

　　"为什么没有？"

　　"我……"

　　"我们在买这盆花的时候，是怎么说的？由谁负责给这盆花浇水？"

　　小敏沉默不语。

　　"你看，这盆花多么伤心、悲哀！她失去了美丽的叶子变得枯黄，而这都是因为你。"

　　以后的日子里，小敏每天坚持给花浇水，小花不久又恢复了以往漂亮的颜色。

　　种花养草、养小动物，能培养孩子的爱心，增长知识，同时还能增进孩子的责任心。孩子们在喂养小动物，给鲜花浇水、施肥的过程中，可以一点一滴地培养耐心与责任心，并将这种感情迁移到对待其他人和事物上。事实证明，这种教育方法有利于培养孩子的责任心，能够促使孩子形成健康的人格。

优秀的女孩善于自我反思

有这样一个寓言故事：

一天，一只鸭子跑到国王面前控诉："国王陛下，法令曾宣布森林里的动物之间要相互友爱、和平相处，但现在却有人违背了这个原则。"

"谁这么大胆，竟敢打破和谐的秩序？"国王急切地问道。

鸭子抹了抹眼泪，委屈地说道："今天上午，我潜到水底之前，把我的孩子托付给老马照顾，它非但不好好照管，还踩伤了我的孩子，现在，我要来讨回公道！"

于是，国王在森林里召开了公开的审判大会，他把老马叫来，问道："你受人之托，应当忠人之事。你为什么不好好地照看鸭子的孩子？"

老马委屈地回答："是的，我本应好好照看，但是，我的确不是故意的，更不是为了邪恶的目的。我听见啄木鸟用长嘴敲出鼓一样的声音，我以为战争降临了。我惊慌失措地急于逃避战争，不慎踩到了鸭子的孩子，我发誓，我绝对不是有意的。"

国王叫来了啄木鸟问："是你敲出鼓声宣告战争要降临了吗？"

啄木鸟回答道："是我，国王，但我这么做是因为看到蝎子在磨它的匕首。"

国王叫来蝎子问："你为什么磨你的匕首？"

蝎子回答说："因为我看见乌龟在擦它的盔甲。"

国王叫来乌龟问："你为什么擦你的盔甲？"

乌龟辩解说："因为我看见螃蟹在磨它的刀。"

国王叫来螃蟹问："你为什么磨刀？"

螃蟹回答说："我看见虾在练标枪。"

国王叫来虾问："你为什么练标枪？"

虾辩解说："因为我看见鸭子在水底吃掉了我的孩子！"

听完了上面的回答，国王看着鸭子说："现在，你明白孩子不幸的根源了吧！主要责任不在老马身上，而应该算在你自己的头上，这就是种瓜得瓜，种豆得豆。"

发现别人的错误容易，认识自己的错误难，其实，人们也经常犯下类似鸭子的错误，看不到自己的过错，总是把责任推给别人，不懂得反省自己的行为。

反省是一种能力，是对自己的行为思想做深刻思考和自我检查，把自己做人做事不对头的地方想清楚，然后纠正自己的错误，修正自己所走的人生道路。苏格拉底曾说："未经自省的生命是不值得存在的。"也就是说，人都必须学会自我反省，只有懂得自我反省，才能认识自我、完善自我，不断地取得进步。

对成人而言，具备自我反省的能力，就能正确地认识自己的优缺点，自尊、自律、有计划地规划自己的人生。遇到困难和挫折时，能够及时调整自己的情绪，积极进取，渡过一次次难关，一步步走向成功。对于女孩来说，学会自我反省，更关系到她们当前的良好发展和日后的人格塑造。一个不懂得自我反省的女孩，永远不会懂得自己的过错与不足，这只能为她们的成长平添许多障碍与烦恼，反之，当女孩学会了自省，便能做到扬长避短，获得良好的进步和发展，从而成为一个自信、自立、自律的人。只有这样的人才能顺利地越过成长过程中的障碍，抵达成功的彼岸。

20世纪初中国新文化运动中的重量级人物胡适，后来还担任过北大校长，这位博学多才、学贯中西、文史哲兼通、著作丰富的大学者从小就接受了母亲让他"日省"的教育。

胡适的老家在南方，每当冬天来临时，就非常冷。这时候，早上早起去上学，小胡适就不太愿意了，因为被窝里实在是太暖和了。

有一天早上，窗外刮着呼呼的大风，院子里和路上可以说是滴水成冰。7点半已过，小胡适还躲在被窝里，整个脑袋像一只小乌龟一样缩在被子里。母亲在外屋做好了早饭，就喊："适儿，该起床了，吃早饭了，吃完了上学去。"

母亲喊了半天，见胡适没反应，就进屋掀开胡适的被子，对他说："儿子，该起来了，再不起来，上学就来不及了"。

被子被母亲一掀开，胡适立即感到有一股冷意，不高兴地说："娘，没听到外面这么大的风吗？我不去了，太冷了。"

"乖啊，怎么能不去呢？不去可就落下了，和其他同学不同步了。"

但是，母亲的话小胡适一点也听不进，对母亲的坚持也表示不理解，丢下一句"不去就不去"，干脆就把整个脑袋都缩进被窝里了。

母亲这下也很生气了，不过她还是压住了心头的火气，尽量温和地对孩子说："你父亲在世时，就经常说，一个人如果任由着自己的性子去，不能对自己有点约束是成不了大事的，你现在就因为刮一点点风就不想去上学了，你还对得起你父亲吗？"

在被窝里，胡适听到母亲提及父亲，顿时知道自己的行为让母亲伤心了，也想起了父亲平时对自己的严厉教导。于是，一骨碌翻身起床，说："娘，你别伤心，我去我去。"

就这样，母亲冯氏遵循丈夫的遗志，时常教导儿子要学会自律。同时，她还让儿子通过经常性的反省来约束自己。她以曾子名言"吾日三省吾身，为人谋而不忠乎，与朋友交而不信乎，传不习乎"来鞭策和鼓励儿子。

每天临睡前，胡母就坐在床沿上，叫儿子站在窗前搁脚板上"省吾身"：今日说错了什么话，做错了什么事，该背的书是否背熟，该写的帖是否写完。胡母在督促儿子自省之后，又对儿子讲他父亲生前的种种好处，他父亲是如何规范约束自己的行为的，说："我一生只晓得你父亲是一个完全的好人，对自己非常严格地要求，每天都会静思反省。你要学他，不要丢他的脸。"

经过母亲这样的谆谆教导后，当又一个寒冷的早晨来临时，小胡适也想再多睡会儿，但他用母亲的话来提醒自己，以父亲为榜样，立刻就起床了。所以后来，每日晨光微露时，胡母叫一下儿子，胡适就很快起床了，因为学塾的钥匙放在老师家里，所以胡适总是天蒙蒙亮时就得赶到老师家门口。听到敲门声，里面就有人把钥匙从门缝里递出来。胡适接到钥匙后，就立即赶往学塾把门打开，一人静坐读书，等待老师和同学到来，天天如此。

胡适长大后，想起自己的母亲小时候对自己的教育，说母亲是"慈母兼严父"，母亲给予胡适的爱让胡适终身感念，同时，母亲对自己的严格要求特别是让自己学会了约束自己更对他以后的为人处世乃至治学都有很重要的影响。

事实证明，自我反省能力能够促使女孩更快地成长。她们通过反省及时修正错误，不断地调整自己的心态和做事方法，所以女孩掌握了自我反省的能力，就等于掌握了自我完善和健康成长的秘方。

爱默生曾说："人类唯一的责任就是对自己真实，自省不仅不会使他孤立，反而会带领他进入一个伟大的领域。"自我反省是孩子成长的一个秘诀。成长是一个不断摸索的过程，孩子难免在此过程中不断地犯错误。对成长中的孩子来说，反省的过程就是学习的过程。有没有自我反省的能力、具不具备自我反省的精神，决定了孩子能不能认识到自己所犯的错误，能不能改正所犯的错误，是否能够不断地学到新东西。父母想要孩子更快地成长，就必须让孩子学会自我反省，找到自己的优点和缺点，进而发扬优点、克服缺点，取得阶梯式的进步。

1.教导女孩勇于承认错误

自我反省就是对自己的过失的正确认识，要先承认自己的错误后，才能在此基础上改正。女孩的成长是一个不断犯错、不断改正的过程。很多女孩犯了错误后，由于害怕受责罚或者为了逃避责任，失去了承认错误的勇气，这样女孩就会在错误的压抑下变得畏畏缩缩，不能很快地逃离出错误带给自己的伤害，于是总是闷闷不乐，不能快乐地生活。

当女孩做错事时，父母不要一味地斥责，这样容易引起女孩的反感，甚至会激发起女孩的逆反情绪。父母可采用冷静的态度，从侧面引导女孩进行自我反省，认识自己所犯的过失，从而帮助女孩形成正确的是非观念。

列宁是新型无产阶级政党的缔造者，他能够取得这么伟大的成就，与他母亲对他的教育是分不开的。

有一次，母亲带着他到姑妈家做客。他和几个小朋友做游戏，一不小心，把放在桌子上的一只花瓶打碎了。姑妈和母亲闻声赶来问："是谁打碎了花瓶？"大家都说不是自己打碎的，小列宁因为害怕被责骂，也跟着大家回答说："不是我打碎的！"

母亲看到小列宁诚惶诚恐的表情，已经猜到花瓶是他打碎的，但是她并没有当面揭穿孩子的谎话，她想让孩子自己主动承认错误。于是，母亲就当作没有发生此事一样。回到家后，母亲也没有再提起过这件事情，而是采用讲美德故事的暗示方式教育孩子。小列宁饱受这种教育的"折磨"，好多次，他都想告诉母亲事实的真相，但又缺乏足够的勇气。

就这样，过了一个月。小列宁明显没有以前活泼开朗了，变得不再爱说爱笑了，似乎是良心正在折磨着他，让他心里非常不安。

终于有一天，小列宁鼓足了勇气，来到母亲面前，将事情的真相说了出来。"是我打碎了姑妈家里的花瓶，我欺骗了大家，你能原谅我吗？"他哭着说。

看到小列宁主动承认了错误，母亲很高兴，她安慰说："好孩子，只要你敢于面对错误，妈妈就原谅你了。"

"那姑妈会原谅我吗？"

"给姑妈写封信，向她承认错误，姑妈一定会原谅你的。"

于是，小列宁给姑妈写了封道歉信，承认了自己的错误。

当女孩犯有过错时，有些父母往往不能容忍，一味责备孩子，甚至打孩子，结果往往事与愿违。如果父母能心平气和地启发女孩，不直接批评她的过失，女孩会很快明白父母的用意，愿意接受父母的批评和教育，而且这样做也可让女孩进行自我反省，明辨自己的过失。

2.让女孩自己承担做错事的后果

孩子勇于承认错误还不够，还要承担起错误带给自己的后果，这样孩子就能在后果中尝到自己犯错后的滋味，能够深刻地感受到错误带给自己的影响，从而深化自我反省。

有一位爸爸发现自己的女儿出什么差错都不想想自己的问题，总是责怪别人，于是想着应该让孩子学会找找自己的责任。

有一次，女儿要在周六去参加学校的奥林匹克数学比赛。平时，女儿的数学成绩非常好，而且她又善于动脑筋，这个比赛取胜的可能性太大了。

周五晚上，女儿像平常一样，放学回家后就跟同学玩去了，然后看电视、读课外书一直到11点才睡。周六早上，女儿每次都要睡到9点多才起床的。这天，爸爸硬着心肠不叫她，结果，女儿果然9点才睡醒。等女儿赶到学校的时候，考试已经开始了。由于女儿迟到了快一个小时，考试成绩可想而知。

女儿回家后非常沮丧，责怪爸爸没有叫她早点起床，使她在这次考试中失败了。

爸爸却对女儿说："孩子，你明明知道周六要去参赛，为什么不早睡？爸爸周六要去加班的时候，有没有要求你来叫醒我？你总习惯别人提醒你做你自己的事。但是，别人是不可能一辈子提醒你的，你要学会自己提醒自己，做错事后自己反省自己的错误。"

我们可以推测，通过这位爸爸的教育，这个女儿从此做错事就学会了自我反省，只要她错了一次，就很少再犯同样的错误。

女孩总是习惯别人提醒她做这做那，但事实正如上例中那位爸爸所说：没有人一辈子提醒她。只有让女孩养成不断提醒自己、不断反省自己的好习惯，她才能更好地成长。因此，明智的父母从不替女孩承担后果，而是让她自己来承担做错事的后果。

3.让女孩养成自我反省的习惯

我国宋代著名理学家朱熹说过这样一句话："日省其身，有则改之，无则加勉。"这就是说，在日常生活中要让孩子时常自我反省一下，不管有没有过失都会对自身成长有利。

著名作家李奥·巴斯卡力写了大量关于爱与人际关系方面的书籍，影响了许多人的生活。据说，他之所以有这样卓越的成就完全得益于小时候父亲对他的教育，因为每当吃完饭时，他父亲就会问他："李奥，你今天学了些什么？"这时李奥就会把在学校学到的东西告诉父亲。如果实在没什么好说的，他就会跑进书房拿出百科全书学一点东西告诉父亲后才上床睡觉。这个习惯一直到今天还坚持着，每天晚上他都会拿多年前父亲问他的那句话来问自己，若当天没学到什么新知识，他是不会上床睡觉的。这个习惯时时刺激他不断地吸取新的知识，产生新的思想，不断进步。

能够反省自己错误的孩子，可以做到扬长避短，更好地表现自己。不具备自我反省能力的孩子，则不会总结自己的经验教训，会不断地重复同样的错误，当然谈不上发展自己了。因此，父母要让孩子随时认识自己，提高孩子的自我反省能力，鼓励他们每隔一段时间或者每天对自己的行为进行反思。父母们不妨在每天结束时，让女孩好好问问自己下面的问题："今天我到底学到些什么？我有什么样的改进？我是否对所做的一切感到满意？"如果女孩每天都能提高自己的能力并且过得很快乐，必然能获得意想不到的丰富人生。真诚地面对这些问题就是反省，其目的就是让女孩不断地突破自我的局限，省察自己，开创成功的人生。

4.引导女孩总结经验教训

让女孩学会总结经验教训，其实就是在帮助女孩养成自我反省的习惯。当女孩犯错误时，父母不要越俎代庖，替女孩做总结，而要引导女孩进行自我总结和自我反省。

一位母亲每天都给上学的女儿书包里放一瓶白开水，并告诉女儿，口渴了就自己拿出来喝。女儿点点头，高高兴兴地去了学校。

这天中午女儿放学回来，母亲接过她的书包时，发现里面正在往外滴水。糟了！肯定是女儿喝了水后瓶盖没有盖好，水洒出来了。果不其然，母亲打开女儿的书包发现，一瓶水只剩下了一丁点儿。女儿的书和本子全被浸透了。见此状，母亲不由得怒火升腾，想要教训女儿。可就在这时，母亲脑海里突然闪过一句话：犯错误是上天给孩子们的权利。于是她深深地吸了一口气，努力使自己从愤怒中平静下来。

而后母亲对女儿说："宝贝，过来，妈妈教你如何盖盖子。"第一次，母亲故意不将瓶盖盖好，然后将瓶子倒立过来，这时水从没有盖好的缝隙中流了出来。母亲对女儿说："宝贝，你看见了吗？你就是这样盖的盖子，所以水才从里面流了出来，现在妈妈再教你。"第二次，母亲将瓶盖盖得严严实实，然后再将瓶子倒立过来。女儿欢呼，水没有流出来。母亲对女儿说："看清楚了吗？"女儿点点头。最后母亲让女儿示范给自己看，女儿尝试了几次，终于学会了盖瓶盖。从那以后，女儿的书包再也没有被水打湿过。

当孩子犯了错误，父母不必想方设法地加以限制或阻止，而是要帮助孩子找到错误，认识错误，更正错误，及时给予孩子正确的教育和引导，让孩子在错误中总结经验教训，学会反省，改正错误。

第五章
善良友爱，
有教养的女孩
有人情味

人之初，性本善

传统启蒙经典《三字经》开篇第一句话就是："人之初，性本善，性相近，习相远。"善良是人的一种好品性，它是人性中宝贵的珍珠。人以善为本，善是心灵美最直接的展现。一个人最重要的是要有一颗善心。以善良之心对待人生，应该是一个人一生追求的道德规范。善良的人一般性格温和，乐于助人，由于能够理解体谅别人的痛苦，较少计较自己的得失，反而显得坚强、开朗，容易保持心理平衡。

美国作家马克·吐温称善良为一种世界通用的语言，它可以使盲人"看到"，耳朵聋的人"听到"。心地善良之人，内心火热，可以驱赶寒冷，横扫阴霾。善意产生善行，同善良的人接触往往智慧得到开启，情操变得高尚，灵魂变得纯洁，胸怀更加宽阔。

那是入夏以来最热的一天，街上每个行人都在寻找阴凉的歇脚地。街角的那间冰激凌店成了最受欢迎的地方。

一个叫珍妮的小女孩手中攥着硬币走进店中，她只想买一份最便宜的甜筒，可是还没来得及走近柜台就被侍者拦住了，侍者示意她看一看门上挂着的告示牌。珍妮的脸一下子红了，于是她转过身，想赶快走出去。但是她并没有发现，店里有位高个子先生悄悄起身，跟在她的后面走出店门。

高个子先生看到，珍妮凝视着的那块牌子上写着："赤足免进。"他看见这个贫穷的小姑娘眼睛里噙满泪水。他叫住正要离开的珍妮，珍妮吃惊地看着高个子先生脱下脚上那双大大的皮鞋放到她面前。"哦，孩子。"他轻松地说，"我知道你不喜欢它们，它们的确又大又笨。可是，它们却能带你去吃美味的冰激凌。"他弯下腰帮珍妮穿上大皮鞋，"快去买冰激凌吧，好让我的脚凉快凉快。我就坐在这里等你。你走路一定要小心。"

珍妮感激得说不出话来，她红扑扑的笑脸是骄阳下灿烂而甜美的花朵。她穿着那双特大号的皮鞋，摇摇晃晃地、一步一步走向冰激凌柜台。店堂里突然安静下来。

一辈子，珍妮都会记得那位始终不愿告诉她名字的叔叔。记得他高大的个子、宽大的鞋子和一颗善良的心。

善良是一种高尚的品质，是一种良好的风气。孟子曰："取诸人以为善，是与人为善者也，故君子莫大乎与人为善。"这句话是说，君子最高的德行就是同别人一道行善。心怀善念的人，就会以善意的言语、态度和行为去帮助他人，在他人需要的时候伸出援手。

每一个人都愿意和善良的人相处，因为善良是人性最安全的保障。任何一个人当被大众称赞其善良时，说明他给别人带去了最大的温暖。一个人可以不聪明，但绝不能不善良。法国作家雨果曾说："善良是历史中稀有的珍珠，善良的人几乎优于伟大的人。"

前几天，小燕在教室里被她的同桌用铅笔划破了头。她的同桌是个淘气的小男孩。这件事的起因是同桌要欺负别的小朋友，小燕便上前去制止。小燕是个善良的孩子，她一向喜欢在班级里帮助同学。结果，同桌无意中用铅笔将她的头划破了。

这件事情对他们的父母来说是非常严重的。班主任立即和男孩的父母联系，而男孩的父母也非常歉疚，说不管小燕的父母提出什么要求，他们都会答应的。

但是小燕的父母并没有难为对方，小燕的父母一向是通情达理的人。他们将小燕带到医院，经过检查，见没有什么大碍，就没有追究。

过了两天，母亲问小燕："你跟你的同桌现在说话吗？"

小燕说："为什么不说话啊？"

母亲故意说："他不是把你的头划伤了吗？"

"但是已经快好了啊！"

母亲又问她："你的同桌是不是一个坏孩子啊？"

她说："不是啊，他只是有些淘气，但是他是一个非常热情的人。"

母亲听后很高兴，因为小燕的善良。他们平时很注意培养小燕的善良品质。小燕每次见到街上的乞丐都忍不住要给他们钱。有一次，小燕养的小鸡死了，小燕哭了一整天，连晚饭都没有吃。

身边的人都非常喜欢小燕，因为她是个善良的小姑娘。

善良作为一种美德，对女孩的成长及发展具有不可忽视的积极影响。只有拥有善良品性的女孩，才能得到别人的喜欢，才能更好地与人相处，生活得开心快乐。

俗话说得好，"冰冻三尺，非一日之寒"，善良的情感及修养是人道精神的核心，它必须在童年时细心培养，否则难有效果。因此，父母对周围人应表现出真挚的感情，并经常帮助身边正遭受痛苦和不幸的人。如果父母都能以自己的善良感染和陶冶女孩，在女孩的心中撒播善良的种子，那么女孩就能成长为一个健康、善良和正直的孩子。

1. 加强善良教育应从家庭做起

家庭是孩子的第一所学校，父母是孩子的启蒙老师，在家庭教育中应该将善良教育放在首要位置。有的父母只关心孩子的文化成绩，忽视了孩子的善良教育，只重才不重德，望子成龙培养出来的却是学业优秀但极度自私、丧尽天良、让父母蒙羞的悲剧人物。因此，要加强对女孩进行善良教育，父母切不可颠倒主次，否则，等善花结出恶果则悔之晚矣。

一方面，父母以友好和爱的方式来教育、帮助女孩，努力使善意、友好的气氛充满整个家庭。另一方面，对所有认识的人，包括朋友、亲戚、同事、邻居，以及一切可给予帮助的陌生人，都友好相待。女孩们在此环境熏陶下，善良、友好对她来说就显得非常熟悉、自然，而且得体。

善良是每一个女孩本来具有的品质，而且，只有人性的善良得以发挥的时候，生活得才会踏实和安宁。父母对女孩的善良，不需要刻意培养，但一定要精心维护。而最好的维护就是父母本身挖掘自己善良的本性，把它完完全全、源源不断地表现出来。父母对周围任何人的关爱、理解、体贴、帮助，将成为女孩"善良"小苗成长的最好土壤。

2.表扬女孩的善行

当女孩自身的善良散发出来的时候，父母一定要表示肯定和支持，女孩会感受善待他人的喜悦。助人为乐是一个真理，当孩子伸出援助之手为他人提供帮助时，内心会有一种说不出来的高兴，这种高兴是用语言无法描述的。

晓玲是一个善良的女孩子，妈妈经常鼓励她去帮助他人。有一次，晓玲跟妈妈一起上街去买东西。在过马路的时候，晓玲看见一位行动不便的老奶奶，她看了看妈妈，妈妈正用鼓励的眼光望着晓玲。于是，晓玲主动走上前去，扶着老奶奶走过了马路。走到马路对面后，老奶奶十分感谢晓玲，夸她是个有爱心的好孩子。这时，走在后面的妈妈对晓玲说："晓玲，你注意了没有？旁边的叔叔都微笑地看着你，后边的阿姨向你投来赞许的目光呢！"果然，晓玲朝旁边一看，好多叔叔阿姨都微笑地看着她。晓玲高兴地回答道："老奶奶过马路时会很困难，我们每个人都应该帮助老奶奶过马路，是吧，妈妈？"

妈妈赞许地点点头。

对于女孩的善良行为，父母要适时地进行鼓励。如果得到了父母的鼓励和表扬，那么女孩的心中就会产生一种成就感，这会促使女孩做更多的善事。只要抱着欣赏的眼光看待女孩的善良举动，女孩的心中就会萌生善意，久而久之，善良就会成为女孩的一种品质。

3.用善良的故事感染女孩

每个孩子都喜欢听故事，在女孩成长的过程中，故事往往会帮助她们认识世界、明白道理，并形成最初的价值观。父母经常用他人的善行滋养女孩的内心，以后，女孩也会用自己的善良滋养自己和他人的生活。

　　一个母亲给孩子读了这样一个故事：

　　在越战时期，飞机在不断狂轰滥炸，一颗炸弹被扔进了这个孤儿院，几个孩子和一位工作人员被炸死了。还有几个孩子受了伤。其中有一个小孩流了许多血，伤得很重。

　　幸运的是，不久后一个医疗小组来到了这里，小组只有两个人，一个女医生，一个女护士。

　　女医生很快地进行了急救，但此时出了一点问题，因为有个小孩流了很多血，需要输血，但是她们带来的不多的医疗用品中没有可供使用的血浆。于是，医生决定就地取材，她给在场的所有的人验了血，终于发现有几个孩子的血型和这个小孩是一样的。可是，问题又出现了，因为那个医生和护士都只会说一点点的越南语和英语，而在场的孤儿院的工作人员和孩子们只听得懂越南语。

　　于是，女医生尽量用自己会的越南语加上一大堆的手势告诉那几个孩子："你们的朋友伤得很重，她需要血，需要你们给她输血。"终于，孩子们点了点头，好像听懂了，但眼里却藏着一丝恐惧。

　　孩子们没有人吭声，没有人举手表示自己愿意献血。女医生没有料到会是这样的结局，一下子愣住了，为什么他们不肯献血来救自己的朋友呢？难道刚才对他们说的话他们没有听懂吗？

　　忽然，一只小手慢慢地举了起来，但是刚刚举到一半却又放下了，过了好一会儿又举了起来，再也没有放下了。

　　医生很高兴，马上把这个小孩带到临时的手术室，让他躺在床上。献血的小孩僵直地躺在床上，看着针管慢慢地插入自己细小的胳膊，看着自己的血液一点点地被抽走，眼泪不知不觉地就顺着脸颊流了下来。医生紧张地问是不是针管弄疼了他，他摇了摇头。但是眼泪还是没有止住。医生开始有一点慌了，因为她总觉得有什么地方肯定弄错了，但是到底在哪里呢？针管是不可能弄伤这个孩子的呀！

关键时候，一个越南的护士赶到了这个孤儿院。女医生把情况告诉了越南护士。越南护士忙低下身子，和床上的孩子交谈了一下，不久后，孩子竟然破涕为笑。

原来，那些孩子都误解了女医生的话，以为她要抽光一个人的血去救那个受伤的小孩。因为想到不久以后就要死了，所以这个愿意献血的小孩才哭了出来。医生终于明白为什么刚才没有人自愿出来献血了。但是她又有一件事不明白了，"既然以为献过血之后就要死了，为什么他还自愿出来献血呢？"医生问越南护士。

于是越南护士用越南语问了一下小孩，小孩回答得很快，不假思索就回答了。回答很简单，只有几个字，但却感动了在场所有的人。

他说："因为她是我最好的朋友！"

母亲读到这里，发现孩子的眼眶湿润了。母亲停了下来，孩子说："那个小男孩是多么善良啊！"

人性的善是相通的，当他人的善良打动女孩的时候，女孩的善心也正在被开启。女孩的善念经常通过不同的方式开启的时候，女孩自然会用体谅、关爱的心去对待身边的一切。所以，父母可以和女孩一起用有意义的故事来填满饭后、睡前的时间。

4. 教女孩爱护小动物

对女孩进行善良教育，可以从指导孩子爱护身边的小鸡、小鸭、小猫、小狗、花草鱼虫开始，让孩子懂得珍惜生命，让孩子在亲自照料小动物的过程中，学会体贴入微地亲近生命。这种"实物教学"往往会收到潜移默化的教育效果。

女孩5岁了，她每次看到蚂蚁，就一脚踩死那只蚂蚁，以此来锻炼她的胆量。可是这个女孩的母亲却柔声地对她说："女儿，你看它好乖哦！蚂蚁妈妈一定很疼爱它的宝宝呢！"于是女孩就趴在一旁惊喜地看那只蚂蚁宝宝。蚂蚁遇见障碍物过不去了，女孩就用小手搭桥让它爬过去。母亲一脸欣喜。

转眼间，女孩上小学了。一个清晨，有人打电话通知母亲，说女儿在值日时没有把窗户关严，两块玻璃由于风吹被打碎破了。母亲马上意识到这事在这个管理甚严的学校里意味着什么。

中午，母亲来到学校见到女儿。女儿怯怯地说："昨晚放学时，教室里有两只蝴蝶，赶来赶去，总有一只飞不出教室。我只好开着一扇窗户，好让外面的飞进来，或者里面的飞出去，让它们结伴去玩，想不到会打碎了玻璃……"

女儿几乎落泪地嗫嚅着说愿意赔这两块玻璃。母亲一直无语，待她说完后，摸了摸她的头发说："你做得很好。没事了，去玩吧。"

后来母亲去财务室赔偿了两块玻璃。

也许任何一位父亲或母亲都有可能遇到这种情况。这个极聪明又伟大的母亲懂得在孩子的成长中发现那一点点善良和爱心，懂得从小培养女孩的美好品德。而你是否也能在女孩小时候培养她的善良品质呢？

有同情心的女孩更有人情味

所谓同情心，是对他人的不幸遭遇产生共鸣，及对其行动的关心、赞成、支持的情感。它要求人们善于理解他人的处境，随时准备从道义上支持他人，从行动上帮助他人。

同情心，是人类最美好的一种情感，人际交往中最重要的元素之一。

经济学鼻祖亚当·斯密写过一本《道德情操论》，书中明确说，人类所有的道德都是从同情心发端的。同情别人的行为，不仅是一种良好的品德、高尚的情操，而且是人必备的一种最基本的素质。只有具备同情心的人，才会主动地理解、支持、帮助别人。

曾经有一位哲学家说过：对于一切有生命之物的同情，是对品行端正的最牢固和最可靠的保证。谁满怀这种同情，谁就肯定不会伤害人、损害人、使人痛苦，如果能宽容地对待他人，宽恕他人，帮助他人，那么他的行动将会带有公正和博爱的印记。同情心是一种重要的人格品质，具有同情心的女孩不仅能从事对社会有益的事，更能得到同伴和大人的喜爱。

心理学研究表明，同情心自人出生时就开始慢慢地形成，婴儿在听到其他婴儿啼哭时就会难过，甚至也会跟着哭起来，这是人类同情心早期的表现，而且应该说这是多数人开始就具有的一种本能，但个体差异很大，后天的环境对此影响更大。也就是说，如果不注意保护和培养的话，早期的这种本能也可能出现丢失或存在走向反面的危险。父母对女孩同情心的培养具有重大的作用。

有一个孩子，天生残疾，他走路的时候需要用两根拐杖支撑着身体。但是，他每天上学的时候，都会受到那些坏孩子的嘲笑、欺负，于是，他渐渐变得冷漠、孤独。

一天，这个孩子的父亲在雪地里捡回一只被冻僵的小狗，小狗趴在他的脚边，瑟瑟地发抖。但孩子并不喜欢那只脏兮兮的小狗，他用拐杖把小狗赶了出去，小狗没有地方可去，就趴在门外面哀伤地嚎叫。

父亲听到了小狗的叫声，知道发生了什么事。于是，他来到孩子的房里，与孩子攀谈起来。当他听说孩子经常在学校里被人欺负的时候，他说："那些孩子为什么要欺负你？"

孩子说："因为我的腿有残疾，我打不过他们，所以他们才敢欺负我。"

父亲说："他们很强，而你却很弱，所以他们才能欺负你。可是现在，你很强，小狗却很弱，你为什么不同情它反而还欺负它呢？"

孩子听了父亲的话，低下了头，眼里含着泪水。过了一会儿，父亲看见孩子把小狗抱回来，把它放在火炉旁边，孩子亲昵地抚摸着小狗，小狗用舌头舔着孩子的小手。

后来这个孩子成了一位著名的医生，受到了人们的尊敬和爱戴。

当他到晚年的时候，他对他的孩子讲述了这个故事。他说，就是那只小狗让他看到了爱的力量，是他的父亲使他学会了人一生中最可宝贵的本能——人类同情心的美德。

女孩的同情心是一种非常珍贵的感情，它主要表现为对别人痛苦的关心和安慰。这种感情对于女孩个性的健康发展尤其是情感的发展，以及良好人际关系的建立有着非常重要的意义。苏联教育学家苏霍姆林斯基认为："同情心的培养需要从童年开始，因为如果在童年时代没有受到善良情感的教育，以后就再也不能在他们身上培养起这种情感。儿童一旦失去这样的时机和教育，其童心就可能走向邪恶。"因此，父母要重视女孩同情心的培养。

1. 保护女孩的同情心

著名教育家陈鹤琴先生曾经说过："同情行为在家庭里社会里是一种非常重要的美德。若家庭里没有同情行为，那父不父，母不母，子不子，家庭就不能成为家庭；若社会里没有同情行为，尔虞我诈，人人自利，社会也不成社会。"家庭是女孩学习和生活的主要场所，父母是女孩的第一任启蒙老师。父母的榜样力量是无穷的，它是一种无声的有效的教育方法。如果父母经常给予其他人帮助，女孩就会去模仿父母的行为。

在法兰克福，有一个孩子粗暴地将一位上门乞食的流浪者驱赶出了自己的家门，父母看到孩子的这种行为，特意为此召开了家庭会议。父母严肃、耐心地启发这个孩子："对于流浪者来说，他们尽管穿着邋遢，然而同样享有人的尊严。"父母的教育使孩子明白了一个道理：仰慕强者可能是人之常情，而同情弱者更是美好情感的一种体现。后来，孩子建议邀请那位受自己侮辱的流浪者来家中做客，大人们则毫无保留地支持。

女孩具有天生的同情心，父母不要轻易扼杀女孩发育中的同情心，而应该保护、培育女孩的同情心。父母要鼓励女孩多关心他人，多做好事。当女孩做了好事时，父母要对其进行鼓励、表扬，因为父母的信任感、外界的反馈会促使女孩有进一步的行动，女孩与父母的互动会形成良性的循环。

2.教女孩爱护动植物

苏霍姆林斯基说："从一个孩子如何对待鸟、花和树木的态度，可以看出他的道德水准。"有调查表明，在日常生活中，爱护小动物的女孩，绝大多数都具有强烈的同情心；而残忍对待小动物的女孩，均具有强烈的攻击性，缺乏同情心。所以，应从小培养女孩爱护小动物的良好品德，严格纠正女孩残酷对待小动物的行为。

姐姐一直想养一只宠物狗，这个愿望终于在她10岁生日那天实现了。看着小狗那黑黑的眼睛、圆圆的鼻子、一身雪白的长毛，喘气时还不时吐出一截红红的舌头，姐姐爱不释手，给它听取名叫"茸茸"。放了学，姐姐就带着它玩耍。

可是渐渐地，问题来了。由于茸茸只有两个月大，还不能控制自己，经常随地大小便。这可害苦了妈妈。妈妈经常忙着打扫卫生，在辛苦之余，她经常抱怨："真是没事找事，给我添麻烦！"另外，买狗粮，给狗洗澡修指甲，有时候还要看医生，这都是一笔不小的开销。

于是，妈妈和爸爸商量着要把茸茸送人；为了不失去茸茸，也为了减轻妈妈的负担，姐姐决定教会茸茸在固定的地方大小便。从此，妞妞除了和茸茸一起玩耍，更重要的是训练它在准备好的地方大小便。

茸茸越来越聪明，越来越讨人喜欢，更重要的是自从有了茸茸，妞妞也变得懂事多了。她开始理解妈妈的辛苦，主动帮妈妈做一些家务，还主动拿出了自己的零花钱给茸茸买东西，不再乱花钱了。

在小动物的陪伴下长大的女孩，更容易懂得该如何尊重生命、如何付出爱心与关怀，知道怎样去回馈和感恩，会有更多的同情心和责任感。生活中，父母可以经常带孩子到动物园、自然博物馆、水上世界去参观动物，或让孩子饲养小动物，让孩子懂得动物是人类的朋友，这样就可以有效地减少孩子对小动物的残忍行为。

3.引导女孩站在对方的立场想问题

肯为他人着想的孩子都有一颗善良的心、一颗同情别人的心。华盛顿大学的斯托特兰德博士通过研究发现，鼓励孩子去想象别人的感受，或是设身处地为他人着想，会增强孩子的同情心，也会让孩子在不知不觉中成为一个心中充满爱的人。

玲玲5岁时，有一天家里来了很多客人，爸爸和他们愉快地聊天。这时，家里的一条小狗跑了进来。玲玲像所有的同龄人那样，喜欢做一些他们认为好玩的事情。她一把抓住小狗的尾巴，把小狗硬拉到自己的身边。看到女儿这样做，爸爸马上也把玲玲的头发抓住，并严厉地问女儿："你喜欢这样被人抓住头发吗？"玲玲红着脸小声说："不喜欢。"爸爸说："如果是这样，那么你就不应该这样对待小狗。"

爸爸经常教育玲玲要站在别人的立场上想问题，通过这种方法将玲玲培养成了一个心地善良、感情丰富的人。

让女孩学会体验别人的感受，这不仅能培养女孩一颗美好善良的心灵，更能让孩子具备良好的教养。

当女孩的言行可能伤害到别人，给别人带来烦恼的时候，父母可以抓住这个教育契机，告诉孩子注意自己的言行，因为如果自己有同样的遭遇，也一样会受伤、会不高兴。这样就会培养孩子照顾别人感受的自觉性，同时也会让孩子学会换位思考，从而懂得体谅别人、尊重别人。

4.让女孩在故事中受到"同情心"熏陶

生活中，父母可以通过亲子阅读的方式，寓教于乐，培养女孩的同情心。

有一位家长介绍了自己是如何用故事教育孩子的：

我曾经给孩子讲过布奇的《故事里的小木偶》，通过讲布奇和莫莫帮助小木偶找它摔断的腿的故事，让孩子学习站在他人的立场上理解他人的情感。这个故事告诉孩子看见同伴们摔跤了或者生病了，应该表示同情，并做出安慰、帮助等关心他人的行为。这种熏陶会帮助孩子与他人建立良好的关系，在将来能更好地适应社会。

陪孩子阅读图书和讲故事，是对于孩子进行情感教育的最好方式。童话故事中的内容和情节会表现人物的喜怒哀乐、爱恨情仇，以及社会的真善美和假丑恶，这都会激发起孩子内心世界的情感波澜，唤起孩子们同情弱小、崇尚善良的爱心体验。

你的孩子懂得关心帮助别人吗

助人为乐，是中华民族的传统美德，也是当今社会值得提倡的道德风尚。人的本质是爱的相互存在，人的生活是与他人的相互交往构成的。乐于助人，就是要求人们善于理解他人的处境、他人的情感和需要随时准备从道义上去支持别人，从行动上去关心帮助别人。这不仅仅是中华民族的传统美德，更应该成为当今社会提倡的道德风尚。

然而生活中，不少人认为帮助别人，自己就要有所牺牲，别人得到了，自己就一定会失去。其实很多时候，帮助别人并不意味着自己吃亏，帮助别人也是帮助自己，正如爱默生所说："人生最美丽的补偿之一，就是人们真诚地帮助别人之后，同时也帮助了自己。"

巴萨尔是从父亲的手中接过这家食品店的，这家古老的食品店很早以前就在镇上远近皆知了，他希望能够通过自己的努力，让食品店更加兴旺。

一天晚上，巴萨尔正在店里收拾货物清点账款，因为第二天他将和妻子一起去度假，他打算早早地关上店门，以便为外出度假做准备。忽然，他注意到店门外不知何时竟站着一个面黄肌瘦的年轻人，年轻人衣衫褴褛、双眼深陷，一看就知道是一个典型的流浪汉。

巴萨尔是个热心肠的人。他走了出去，对那人说道："年轻人，有什么需要帮忙的吗？"

年轻人略带点腼腆地问道："这里是巴萨尔食品店吗？"他说话时带着浓重的墨西哥口音。"是的。"巴萨尔点了点头。

年轻人更加腼腆了，他低着头，小声说道："我是从墨西哥来找工作的，可是整整两个月了，我仍然没有找到一份合适的工作。我父亲年轻时也来过美国，他告诉我他在你的店里买过东西，喏，就是这顶帽子。"

巴萨尔看见小伙子的头上果然戴着一顶十分破旧的帽子，那个被污渍弄得模模糊糊的"V"字形符号正是他店里的标记。"我现在没有钱回家了，也好久没有吃过一顿饱餐了。我想……"年轻人继续说道。

巴萨尔知道眼前站着的人只不过是多年前一个顾客的儿子，但是，他觉得自己应该帮助这个小伙子。于是，他把小伙子请进了店内，好好地让他饱餐了一顿，并且还给了他一笔路费，让他回国。

不久，巴萨尔便将此事淡忘了。过了十几年，巴萨尔的食品店越来越兴旺，在美国开了许多家分店，他于是决定向海外扩展，可是由于他在海外没有根基，要想从头发展困难重重。为此，巴萨尔一直犹豫不决。

正在这时，他收到了一封来自墨西哥的信件，原来写信人正是多年前他曾经帮助过的那个流浪青年。此时，当年的那个年轻人已经成了墨西哥一家大公司的总经理，他在信中邀请巴萨尔来墨西哥发展，与他共创事业。这对于巴萨尔来说真是喜出望外，有了这位总经理的帮助，巴萨尔很快在墨西哥建立了他的连锁店，而且经营发展得异常顺利。

谁又能想到多年之后，一个流浪青年能成为大老板呢？倘若当时巴萨尔没有帮助这位青年，他的事业之路也不会发展得那么顺利。这种回报与其说是上天的赐予，不如说是巴萨尔当初种下了善因，而一个有着善心和善举的人，是应该得到回报的。

正所谓"行下春风有秋雨"，许多人活一辈子都不会想到，自己在帮助别人时，其实真正帮助了自己。在日常生活中，许多偶然的事情将会决定你未来的命运，虽然生活从来不会说什么，但却会用时间诠释这样一个真理：帮助别人，就是帮助自己。

乐于助人是一个人思想境界的行为体现，是一种精神的升华。一个乐于助人的人能够不断收获到他人的支持、帮助。美国作家阿尔伯特·哈伯德曾说过："聪明人都明白这样一个道理，帮助自己的唯一方法就是去帮助别人。"事实上，只要你能在别人需要帮助的时候，愿意伸出你热情的手，你的朋友就会越来越多，你的路也会越走越宽。

马宇歌是中央电视台"大风车"节目的小记者。父母均为普通公务员。她和许多同龄孩子一样，还脱不了一脸稚气，每天背着书包上学，课间和同学一道玩耍，放学后和同学一样回家做作业，有时还要帮妈妈做饭……她并不比别的孩子高大、早熟，也不比别的孩子多两只手或两只脚，她的时间也不可能比别的孩子更多，但她却比同龄孩子走了更多的路，见了更多的人，做了更多的事，也有着更大的知名度。

马宇歌的父亲叫马弘毅，马弘毅常常给小宇歌讲故事、讲历史。小宇歌至今保存着两块珍爱的徽章，一块上面写着"博爱"，一块上面写着"天下为公"，她常常将它们别在胸前，那是小时候爸爸送给她的，爸爸希望她长大成为一个爱自己的国家、爱自己的民族、有社会责任感的人。他告诉宇歌，人不能光为自己活着。要像孙中山先生等志士仁人一样，以天下为己任。

上学后的宇歌，在学校里乐于助人是出了名的。只要班上有请病假的同学，不管晚上放学多迟，天气多恶劣，宇歌都要去同学家帮助他将落下的功课补上。但有一次，宇歌自己病了，却没有一个同学主动来看她，这使善良的宇歌非常伤心，父亲最懂女儿的心思，他严肃地抓起宇歌的手告诉她："咱们不应计较别人对你的回报，我们不是为了得到而付出的，而是为了让这社会更美好。"

宇歌从小就受到父母这样的教育：对人要真诚、热情、礼貌。邻居唐爷爷是位退休老教师，已有80高龄，宇歌第一笔稿费，就为酷爱书法的唐爷爷买了两支毛笔。每次老人出去购物，只要遇上马弘毅，马弘毅总要主动下车帮老人一把，宇歌耳濡目染，每次遇到唐爷爷就主动上前搀扶，帮爷爷拎包。宇歌就是凭着她的爱心打动了人们的心，结交了数不尽的朋友。

父亲马弘毅说，小宇歌和所有的孩子一样，原先只是一张白纸，她的好品质是一点一滴积累而成的。父亲只是起了个启发熏陶的作用。

助人为乐是一个人思想境界的行为体现，是一种精神的升华。对女孩来说，从小在她们心灵中播下关心他人、助人为乐的种子，是发展女孩的健康心理，培养开朗、宽厚、善良性格的重要基础。一个乐于助人的女孩，能够不断收获到他人的支持、帮助。

给他人力所能及的帮助是一种美德，也让付出者从中收获到快乐。当别人遇到困难的时候，在自己能力范围内，主动去帮助别人，这个过程既可以让女孩之间建立良好的友谊，又可以让女孩体会到成就感，让女孩成为受欢迎的人，这将大大鼓励女孩的信心，让女孩更乐意去与人交往。因此，培养女孩乐于助人的精神是教育中的一个重要课题。

1.父母要做好乐于助人的表率

首先，父母要学会助人，女孩才能感同身受，也才能学会助人。父母要做好表率，这是所有教育的基本规则之一。

悠悠今年12岁，是个充满爱心的孩子。悠悠的妈妈是位医生，平时对病人态度很温和，经常加班，每当她深夜回到家时，悠悠的爸爸都会为她开门，嘘寒问暖，从来没有一句怨言。

悠悠的父母性情温和，彼此之间相亲相爱，而且乐于助人。从小他们就教悠悠要乐于奉献爱心，去帮助那些需要帮助的人。在父母的影响下，悠悠慢慢地也拥有了一颗仁爱之心。

任何一种优秀品质，都离不开家庭氛围的熏陶。一个乐于助人的家长，能够时刻熏陶自己的孩子。所以在日常生活中，父母遇到邻居、朋友甚至是陌生人有困难的时候，要及时伸出援助之手，给女孩树立一个好榜样。父母的言行时刻影响着女孩的观念和行为，时日一久，女孩在遇到人需要帮助时，也会慷慨相助。

2.让女孩体验为助人的快乐

一天中午，刘琳带着10岁的女儿默默在广场的喷泉旁玩耍。这时默默看见一个大概五六岁的女孩走过来，而且边走边哭着喊爸爸。刘琳也注意到了，看着女孩伤心的样子，她心生同情。

刘琳说："默默，我们去帮帮那个小妹妹，好吗？"

"好。"默默点头同意。

默默和妈妈来到小女孩面前，问她："小朋友，不要哭啦。你是不是和爸爸走散了？"

小女孩边哭边频频点头。刘琳一家一边安慰小女孩，一边帮她找爸爸。在刘琳一家的帮助下，小女孩很快找到了爸爸。

之后，刘琳告诉女儿："当别人有困难，需要我们帮助的时候，我们一定要尽可能地帮助他们，你想想啊，如果你是刚才那个小妹妹，和家人走散了，你心里多着急啊！"

从此，默默明白了一个道理：只是一个举手之劳，却能给别人带来多大的方便，人人都应该学会帮助别人，这于自己也是快乐的。

生活中，家长要让女孩明白"助人为乐"这四个字蕴含着人世间最真、最美的意义。"助人"为什么会快乐呢？因为可以从帮助别人的过程中发现自己的生存价值。由于你的帮助和付出，别人的困难得到了解决，别人的不方便变成了方便，这是一种成功的体验。当孩子懂得这些道理之后，就会主动帮助别人。

3.给女孩提供关心他人的机会

主动关心他人并不是无端地就自己形成的，有时候需要父母提供一些机会来让女孩散发出爱心的光芒，例如通过捐款活动、当志愿者等，让女孩们通过帮助他人，明白到互助是表现爱心的一种方式。这些不同的形式都为培养女孩关心他人提供了教育的机会。

春节期间，某市有很多志愿者家长带着孩子来到一个村子，给服刑人员的孩子送去了礼物和爱心。有家长去之前就对孩子说："那里的孩子更需要关怀和帮助，我们一定要给他们带去我们的礼物和新年诚挚的祝福。"

　　正因为有这么多有爱心的人来关心这个村子里的孩子，村里充满了欢声笑语。很多志愿者带来的孩子都与村里的孩子们玩着游戏，如丢沙包、跳绳、拔河，大家脸上都洋溢着欢乐的笑容。村中孩子们的宿舍里，摆着志愿者为他们带来的各式各样的春节礼物。

　　"这些玩具我都玩不上了，可以送给那些比我还小的弟弟妹妹们。"有一位志愿者的孩子这样说，"春节前，我和爸爸妈妈通过收看电视节目了解到这个村里小朋友的情况后，知道许多像我一样大的孩子不能回家和父母一起过年，便想在春节期间来看望这些小朋友，于是找出一些自己的玩具以及用不着的文具，准备送给他们当春节礼物。"

　　"相比之下，带孩子出去玩和来这里，我认为还是后者更有意义。"一位志愿者家长说。负责接待志愿者的老师也说："这几天放弃假期休闲的机会，到这个村子做志愿者或来献爱心的人有很多。很多都是一家三口一起来的，给孩子们送来不少生活用品和小礼物。我想，通过这种活动，这些志愿者也给孩子上了一堂生动的爱心教育课。"

　　生活中，父母要给女孩提供一些关心他人的机会和条件，只有落实到具体的事情和人身上，女孩的助人之心才能得到及时的加强和反馈，女孩才能感觉到快乐和幸福。父母在为女孩创造表达关心他人的机会和条件时，对女孩的助人行为和同情心等表现，应该给予及时的鼓励，使她们感到无限的快乐。

　　4.及时表扬女孩乐于助人的行为

　　当女孩帮助别人之后，我们要主动和女孩谈论她的感受，了解女孩从中学到了什么，并对女孩出色的表现给予肯定。

　　有一个下雨天，爸爸去接女儿放学，碰见一个小同学没打雨伞，在雨中淋着。于是爸爸对女儿说："你看，这个同学没带雨伞，如果是你，此时你最希望怎样？"女儿想了想二话没说跑过去，和这个小同学一起打雨伞往前走去。过了一会儿，这个同学的妈妈来接他。看到孩子没淋在雨中，非常感激地和女孩打招呼："你们是一个班的吗？"那个的孩子带有感激地抢先回答说："不是，我们不认识。"那个的妈妈对女孩说："谢谢你小朋友！"同时，对乐于助人的父女俩报以感激的一笑。回家后，爸爸问孩子："今天做了件好事，感觉如何？"女儿用稚嫩的语言说："我很快乐！我以后在别人需要帮助时，还要继续去做。"

　　对于女孩助人为乐的行为，父母应及时给以肯定、支持和鼓励，如扶残疾人或老人过马路，主动让座给需要的人，帮助生活困难的同学，等等，对女孩的这些行动，都要给予鼓励，使女孩把助人为乐、爱做好事的行动坚持下去，以培养女孩的美德。

　　5.让女孩阅读鼓励助人为乐的书籍

　　我们做父母的要善于给女孩买一些关于助人为乐故事的书籍，和女孩一起阅读，把故事中所含的哲理告诉女孩，让女孩从故事中懂得助人为乐。

　　一位母亲在孩子临睡前，讲了这样一个故事：

　　六月的天像一张娃娃的脸，刚才还是万里无云，但现在却下起了倾盆大雨，大家拼命往家里跑：小猴子跳上了一棵耸立在"湖"中的梧桐树；小山羊的脚在"湖底"像运动员起跑似的踢踢泥土，在"湖"中飞快地朝羊村跑去；平时慢条斯理的小熊也挺着胸朝树林的树洞飞奔过去。

　　这时，小白兔也跑在回家的路上，它在"湖"中只露出了红眼睛，长耳朵艰难地跳着。小白兔的家在河对岸，但现在连河中荷花的影子也看不见。这时它碰上了正在趁着大雨进行"陆地旅行"的小乌龟。

小白兔向小乌龟问道："这里到河还有多长距离啊？我的家在河对岸呢。""不远了。"小乌龟说，"你坐在我身上，我送你到河对岸，好吗？""好！"小白兔说。只见小白兔跳了一下，就上去了。小乌龟改变了"龟速"，加大马力，拼命地朝河对岸游去。过了一会儿，小乌龟看见了亭亭玉立的荷叶，便向荷叶游去，它游到荷叶附近，咬断叶柄，交给小白兔，说："收下吧，这是我的一片心意！"小白兔收下了荷叶，这时，到岸了，小白兔跳下"车"，撑着"荷叶伞"走向"兔屋"。

回到家，小白兔的妈妈问："你怎么没淋到？"小白兔说："这多亏了小乌龟，是它把我送回家的。"不久，这事传到"森林市长"的耳朵里，"森林市长"便在森林里表扬小乌龟这种助人为乐的精神。从此，小乌龟走到哪儿都受到尊重和爱戴。

教育女孩学会助人，并不一定非要枯燥地说教，可以结合有趣的故事，在故事之中明白道理。对绝大多数女孩来说，她们从小就喜欢听故事，父母可以借助于有意义的故事来让女孩学会助人。

给女孩上一堂"孝心教育"课

古人云：百善孝为先。羊有跪乳之恩，牛有舐犊之情，大地乃万物之源，父母是生命之本。人生于世，长于世，源于父母。是父母给予了我们生命，是父母辛勤地养育着我们，每一个人都是在父母的悉心关怀、百般爱护和辛苦抚养下慢慢长大的。在人的一生中，对自己恩情最深的莫过于父母，所以说感恩父母、孝敬父母，是做人的本分，是天经地义的美德。一个人如果连自己的父母都不孝敬，还怎么能够跟他人谈感情、谈交往、谈人生？

村之外，有三个妈妈在井边打水。

井边坐着一位老人。

她们闲聊的时候，一个妈妈对另一个说道："我的儿子很聪明机灵，力气又大，同学之中谁也比不上他。"

另一个妈妈说："我的儿子擅长唱歌，歌声像夜莺一样悦耳，谁也没有他这样好的歌喉。"

第三个妈妈看着自己的水桶默不作声。

"你为什么不谈谈自己的儿子呢？"两个妈妈问她。

"有什么好说的呢？"她叹口气说，"我儿子什么特长也没有！"

说完，她们装满水桶，提着走了。老人也跟着她们走去。水桶很重，她们走得很慢，还不时地停下来休息一下。

这时，迎面跑来了三个放学的男孩。一个孩子翻着跟头，他母亲露出欣赏的神色。另一个孩子像夜莺一般欢唱着，几个母亲都凝神倾听。第三个孩子跑到母亲跟前，从她手里接过两只沉重的水桶，提着走了。

妇女们问老人道：

"老人家，怎么样？你看看我们的儿子怎么样？"

"哦，他们在哪儿呢？"老人回答道，"我只看到一个提着水的孩子啊！"

第三位母亲感叹自己的儿子没有特长，可是她忘记了，孝敬父母就是最大的特长。只有孝敬父母的孩子才懂得感恩，懂得去关爱他人。

孝是人的本分，是义不容辞的责任，是人类最真最善的行为。孝心的体现是能够主动尊重、关怀自己的父母及其他长辈，能够想他们所想，急他们所急，努力给他们一个安心舒适的生活。把父母、长辈放在第一位，而不是把自己放在第一位，这是孝心的体现。

然而在现实生活中，有相当数量的孩子全然不懂得孝敬父母、孝敬长辈，全然不懂得孝道的意义。在有些独生子女家庭里，谁孝敬谁甚至出现了颠倒的现象，难怪有人半认真半开玩笑地说："孝子，孝子，孝敬儿子。"

曾经有一位母亲，每次给孩子做鱼，她都只吃鱼头，而给孩子吃鱼身。一次家里来了客人，孩子在餐桌上主动给妈妈夹了一个鱼头，然后说："我知道妈妈最喜欢吃鱼头了。"客人面面相觑，妈妈背着人流下了眼泪，觉得自己的教育是失败的，孩子居然会认为她喜欢吃鱼头，而不知道妈妈是因为照顾孩子的营养把鱼身让给他吃而自己吃鱼头。

尽管每一位为人父母者都希望自己的孩子将来长大成人能够有孝心，满腔赤诚地善待子女，以为能够浇灌出一颗孝心，但结果常常是不见孝心发芽，孩子并不领情，更别提回报了，自然让父母心寒不已。忽略"孝心"教育，孩子会形成自私冷漠的性格，对其健康成长危害极大。这是家教的一大失误，也是孩子产生"不孝之举"的最重要根源。

孝心是充满爱心的伦理行为，应该重视和加以培养。其实，我们说孝，不是说让孩子为了父母牺牲自己，或者必须奉养父母，普通百姓的孝就是平日里尊重父母、关心父母、体谅父母，对父母有感恩之心，能够回报父母。这其实就是一种态度，一种精神，说到底是教孩子做人。

"孝"是一种人伦道德，是做人的基础。它不是单一的习惯问题，它也体现出一个孩子能否关心他人、设身处地地为他人着想。父母应该清楚地认识到，如果一个孩子连最基本的孝敬父母都做不到，以后是不可能做好任何事情的。因此，我们一定要重视培养女孩孝敬父母的好习惯。

1.为女孩树立榜样

孝心是感恩心的源泉，以身作则更是教育下一代的最好方法。如果想要自己的女孩有孝心，做父母的首先要尊重和孝敬自己的父母。这样，女孩在耳濡目染、潜移默化中，也会逐步养成尊敬长辈、孝敬父母的好习惯。

2.多用孝子的故事滋养女孩

女孩最喜欢听故事，父母还可以用一些古今中外孝子的故事滋养女孩，女孩常常受这些事迹的熏陶，就很容易把孝敬落实在生活中。

黄香小时候，家中生活很艰苦。在他9岁时，母亲就去世了。黄香非常悲伤。他本就非常孝敬父母，在母亲生病期间，小黄香一直不离左右，守护在妈妈的病床前。母亲去世后，他对父亲更加关心、照顾，尽量让父亲少操心。

冬夜里，天气特别寒冷。那时，农户家里又没有任何取暖的设备，确实很难入睡。一天，黄香晚上读书时，感到特别冷，捧着书卷的手一会儿就冰凉冰凉的了。他想，这么冷的天气，父亲一定很冷，他老人家白天干了一天的活，晚上还不能好好地睡觉。想到这里，小黄香心里很不安。为让父亲少挨冷受冻，他读完书便悄悄走进父亲的房里，给他铺好被，然后脱了衣服，钻进父亲的被窝里，用自己的体温温暖了冰冷的被窝之后，才招呼父亲睡下。黄香用自己的孝敬之心，暖了父亲的心。黄香温席的故事，就这样传开了，街坊邻居人人夸奖黄香。

像黄香这样孝顺的孩子，在当今社会也不在少数。父母可以经常给女孩讲他们的故事，女孩的善良和对父母的孝心，会在这种耳濡目染中渐渐被激发出来。一个故事就像一粒种子，总会有一些种子在女孩的生命历程中开花结果。

3.教育女孩体会父母养育之艰辛

现在不少孩子不知道父母工作情况，不知道父母的钱是怎样得来的，只知道向父母要钱买这买那，认为父母给孩子吃好、穿好、用好是天经地义的。这样的孩子怎么会从心底里孝敬父母呢？为此，父母应当有意识地经常把自己在外工作和收入的情况告诉孩子，说得越具体越好，从而让孩子明白父母的不容易。

龚丹的父母失业后承包了码头货物管理，每天因为工作起早贪黑顾不了家，可是龚丹的奶奶瘫痪在床已经3年，吃喝拉撒全靠别人伺候，龚丹又正上初三，而且平时贪玩懒惰，又不爱学习，这着实让龚丹的父母为难。

一天，龚丹的父亲把龚丹带到自己工作的地方，让龚丹帮忙干活。一天下来，龚丹累得腰酸背疼，她这才知道父母的辛苦。晚饭后，龚丹主动对爸爸妈妈说："爸爸妈妈，你们放心工作吧，我会照顾好奶奶的。"

在接下来的日子里，龚丹以照顾奶奶和搞好学习为主要任务。有时候父母回家累了，她还会为他们捶捶背、按摩按摩，吃饭的时候为父母添饭，为父母端茶倒水，这让父母心里安慰了许多。

女孩对父母付出的辛劳越了解，才越会从心底里相信和敬重父母，才会真正想着去孝敬父母。你不妨把你的日常工作向孩子说一下，或带女孩去上一两次班，让她知道你上班走什么路线，每天都做些什么事情，你的工作中有哪些困难；你还可以告诉女孩下一个月、下一年家里都需要买什么东西，需要花多少钱。总之要让女孩看到、体验到父母的难处，而不是只让她听父母说"我很辛苦"。

4.让女孩多承担家庭责任

父母在培养女孩的孝敬心上，一定要帮助女孩去落实。平时，父母要注意培养女孩为家庭分担的能力，从让女孩帮父母端水、拿拖鞋、收拾碗筷开始，到和父母一起做饭、洗衣、买菜，等等，让女孩在行动中体会父母的辛劳，同时体会孝敬父母的快乐。

小倩今年10岁了，爸爸妈妈对她宠爱有加。小倩虽然很喜欢自己的爸爸妈妈，却不知道去心疼他们。每天晚上，爸爸妈妈拖着疲惫的身体回到家里，小倩还硬要爸爸陪她玩"骑大马"，边玩还边催促着妈妈做晚饭。

小倩的爸妈经常为此而感到伤神。他们也明显地意识到，自己对孩子的宠爱让小倩丧失了孝敬父母的意识。

于是，小倩的爸妈决定：从生活小事做起，培养小倩的这种意识。

有一次，小倩来了兴趣，要尝试自己洗碗筷。若放在以前，妈妈是不会答应的，可是，这一次妈妈痛快地答应了小倩。第一次洗碗筷，小倩感到十分费劲，力气大了，怕碗碟破碎，力气小了，怕洗不干净。

小倩这时问起妈妈："妈妈，你平时刷锅洗碗也这么累吗？"妈妈说："虽然我力气要比你大些，不过每次洗那么脏的碗筷，也是很累的。"小倩听完后，想了想说："妈妈，我现在长大了，以后我来洗家里的碗筷吧。"

妈妈听了小倩的话，心里不知有多高兴，并立即夸奖小倩说："女儿懂事了，知道心疼妈妈了。"听了妈妈的夸奖，小倩高兴地笑了。从此以后，小倩变得懂事多了，知道主动帮爸爸妈妈承担一些家务。对于自己的爸爸妈妈，小倩也懂得关心与体贴了。

教育孩子尽早学会自己能做的事自己做，并参与力所能及的家务劳动，这样不但有利孩子养成做家务劳动的习惯，也可以使孩子从中体验父母的辛苦，减轻父母的负担，增强家庭责任感、义务感，不断增强孝敬父母的观念："父母养育了我，我应为他们多做事。"

其实，为家庭和家人付出是一件很安心、很开心的事，特别是当自己的劳动成果与家人共享的时候，从心底深处会有一种喜悦和满足。父母应该从女孩小的时候，就让女孩去体会这份快乐。这样，女孩从小就知道：

孝敬父母是人生中最幸福的事情。

5.给女孩表达孝心的机会

在生活中，有一些父母把孩子的所有事包办好，使孩子没有尽孝心的时机。其实，真正的孝心要通过实践去培养，父母不要剥夺了孩子表达孝心的机会。平时，应让孩子分担家里的一些事情，让孩子负起责任来。遇有为难的事情，讲给孩子听，让孩子一起出主意想办法。长辈身体不舒服或生了病，告诉孩子应该做哪些事情，并付诸行动。久而久之，孝心会在孩子身上扎根。

一天，一位爸爸拖着疲惫的身体回到家中，见妻子正在洗澡，小女儿在沙发上玩布娃娃。孩子看到爸爸回来，叫了一声："爸爸！"父亲说："好。"然后他就瘫坐在沙发上，闭着眼睛，还在想今天工作的事。

小女儿看到爸爸和平常不一样，就小心翼翼地问："爸爸，您怎么了？"父亲听到孩子在问候他，心里出现一丝暖意，说："爸爸没事，就是有点累了，宝宝帮爸爸倒杯茶吧！"小女儿高兴地点点头，赶快去给爸爸倒茶，看到爸爸喝茶后的满足，又高兴地去玩布娃娃了。

不久后的一天，爸爸同样疲惫地回到家中，这次，小女儿什么都没问，就主动去给爸爸端茶，爸爸看到这么懂事的孩子，心中的欣慰代替了满身的疲惫。

孩子孝敬不孝敬，很多时候要看父母引导的方向是否正确。如果这位父亲第一次就说："去去去，玩你的去！"相信孩子下次看到父亲同样的境遇，就会赶快走开，不可能想到要给爸爸端茶倒水。所以，父母要想培养出一个孝顺、体贴、懂事的女孩，那就要给女孩表达孝心的机会。

感恩，让女孩内心丰盈纯美

感恩是中华民族的传统美德，是一种处世哲学，是一个人对自己和他人以及社会关系的正确认识；感恩也是一种责任，知恩图报，有恩必报，它不仅是一种情感，更是一种人生境界的体现。

俗话说得好，"滴水之恩，当以涌泉相报"。知恩图报，不仅是人的良知，也是我们待人处世的基本原则。知恩图报不是空口说白话，也绝不是虚情假意的小恩小惠，更不是为了贪图利益，而是发自内心的，真心回报他人，尽己所能帮助他人，这才是知恩图报的本质。只有人人做到知恩图报，社会才会更加美好，文明才有可能进步。与此同时，我们也能体会到：给予将比接受更快乐！

有一个名叫詹姆斯的穷苦学生，为了付学费，他挨家挨户地推销商品。中午的时候，他觉得肚子很饿，但身上却仅有一个铜板。于是，他便下定决心，到下一家时，向人家要餐饭吃。然而当一位年轻貌美的女孩子打开门时，他却失去了勇气。他没敢讨饭，却只要一杯水喝。女孩看出来他饥饿的样子，于是给他端出一大杯鲜奶来。詹姆斯把牛奶喝光后，说："应付多少钱？"而女孩却说："不用钱。母亲告诉我们，不要为善事要求回报。"于是他道谢后，离开了那户人家。此时，詹姆斯不但觉得自己的身体强壮了不少，而且自信心也增强了起来。

数年后，那个年轻女孩病情危急，家人将她送进了医院，正当医生们对女孩的病情束手无策时，主治医师詹姆斯来到了病房。他一眼就认出了她，他的眼中充满了奇特的光辉。他立刻回到诊断室，并且下定决心要尽最大的努力来挽救她的性命。

　　经过一个多月的诊治后，女孩终于起死回生，战胜了病魔。当批价室将出院的账单送到詹姆斯医生手中签字时，他看了账单一眼，然后在账单边缘上写了几个字。账单转送到了女孩的病房里，女孩不敢打开账单，因为她知道，她一辈子都可能还不清这笔医药费。最后她还是打开看了，医药费的确是一个天文数字。但在账单边缘上却写着这样一句话："一杯鲜奶已足以付清全部的医药费！"签署人：詹姆斯医生。女孩眼中泛着泪水，她心中高兴地祈祷着："上帝啊！感谢您，感谢您的慈爱，借由众人的心和手，不断地在传播着。"

　　感恩是人性真善美的具体体现，是一种最诚挚的生活态度；感恩是每个人应有的道德准则，是做人的最起码的修养。如果在我们的心中培植一种感恩的思想，就可以沉淀许多的浮躁、不安，消融许多的不满与不幸。只有心怀感恩，我们才会生活得更加美好。

　　然而在当今社会，很多的孩子是独生子女，他们在家的地位可谓"位高权重"。全家一切以孩子为中心，而孩子们从小到大都扮演着被爱的角色，久而久之，很多孩子认为从父母那里得到东西是理所当然的，生活中只知道索取，不知道回报，自然不会想着去关心别人、感激他人。所以教育女孩"学会感恩"是一件重要的事情。

　　在一个闹饥荒的城市，一个心地善良的面包师把城里最穷的几十个孩子聚集到一块儿，然后拿出一个盛有面包的篮子，对他们说："这个篮子里的面包你们一人一个。在上帝带来好光景以前，你们每天都可以来拿一个面包。"

　　瞬间，这些饥饿的孩子一窝蜂似的涌了上来，他们围着篮子推来挤去大声叫嚷着，谁都想拿到最大的面包。当他们每个人都拿到了面包后，竟然没有一个人向这位好心的面包师说声谢谢就走了。

　　但是有一个叫依娃的小女孩却例外，她既没有同大家一起吵闹，也没有与其他人争抢。她只是谦让地站在一步以外，等别的孩子都拿到以后，才把剩在篮子里的最小的一个面包拿起来。她并没有急于离去，她向面包师表示了感谢，并亲吻了面包师的手之后才向家走去。

第二天，面包师又把盛面包的篮子放到了孩子们的面前，其他孩子依旧如昨日一样疯抢着，羞怯、可怜的依娃只得到一个比头一天还小一半的面包。当她回家以后，妈妈切开面包，许多崭新、发亮的银币掉了出来。

妈妈惊奇地叫道："立即把钱送回去，一定是面包师揉面的时候不小心揉进去的。赶快去，孩子，赶快去！"当依娃拿着钱回到面包师那里，并把妈妈的话告诉面包师的时候，面包师慈爱地说："不，我的孩子，这没有错。是我把银币放进小面包里的，我要奖励你。愿你永远保持现在这样一颗感恩的心。回家去吧，告诉你妈妈这些钱是你的了。"她激动地跑回了家，告诉了妈妈这个令人兴奋的消息，这是她的感恩之心得到的回报。

一个人是否有感恩之心，与他所处的环境、所受到的教育是密不可分的。对于一个女孩，从小培养她具有感恩的心是至关重要的，让女孩知道感恩是每一个父母的重要责任——让女孩感激给予生命并养育她们的父母，感激给予她们各种知识的教师，感激给予她们帮助的同学和朋友，感激生活中一切美好的事物。

感恩教育是家庭教育的重中之重。一个懂得感恩的女孩会更珍惜自己的生活，善于发现事物的美好，感谢他人给予的一切。感受平凡中的美丽，就会以坦荡的心境、开阔的胸怀来应对生活中的酸甜苦辣。让女孩学会感恩，从而让女孩以友善之心对待他人、尊重他人的劳动，也更加尊重自己。这有助于她们良好品格的形成，使女孩一生受益无穷。

1.让女孩学会感恩父母

让女孩学会感恩，首先就要感念父母的养育之恩。因为父母是女孩的至亲，如果对父母的关心、疼爱不会感恩的话，那么女孩对别人就更加不会懂得感恩。

第38届国际奥林匹克数学竞赛金牌得主安金鹏是天津人，从小家境贫寒，但母亲的坚强和付出使他学会了感恩。他曾写了一篇名叫"妈妈，你是我最好的导师"的文章来感谢母亲，文中这样写道：

跛着脚的母亲在为我擀面，这面粉是母亲用5个鸡蛋和邻居换来的，她的脚是前天为给我多筹点学费，在推着一个平板车去卖蔬菜的路上扭伤的。端着碗，我哭了。我撂下筷子跪到地上，久久地抚摸着母亲肿得比馒头还高的脚，眼泪一滴一滴地滚落在地上。

……

妈妈为了不让我饿肚子，每个月都要步行10多里地去批发20斤方便面渣给我送到学校。每个月底，妈妈总是扛着一个鼓鼓的面袋子，步行10里路到大沙河乡车站乘公共汽车来天津看我。而袋里除了方便面渣，还有妈妈从6里外的安平镇一家印刷厂要来的废纸——那是给我做演算的草稿纸，还有一大瓶黄豆酱和咸芥菜丝，一把理发推子，天津理发最便宜也要5元钱，妈妈要我省下来多买几个馒头吃。

我是天津一中唯一在食堂连素菜也吃不起的学生，我只能顿顿两个馒头，回宿舍泡点方便面渣就着辣酱和咸菜吃下去；我也是唯一用不起草稿纸的学生，我只能用一面印字的废纸打草稿；我还是那儿唯一没用过肥皂的学生，洗衣服总是到食堂要点碱面将就。可我从来没有自卑过，我总觉得我妈妈是一个向苦难、向厄运抗争的英雄，做她的儿子我无上光荣！

……

我要用我的整个生命感激一个人，那就是哺育我成长的母亲。她是一个普通的农妇，可她教给我的做人道理却可以激励我一生。

安金鹏是苦难中长大的孩子，他对母亲的感念之情引导着他奋发图强、努力不懈。父母是无私的，他们倾尽所有，将全部的爱都给了自己的子女。为人子女，应对父母常怀感恩之心，有报答之情。

在日常生活中，父母应该时刻创造条件启发女孩学会用感激、感恩的心态去面对自己的付出，让女孩先从感恩父母开始，比如让女孩知道父母为自己做事后要说谢谢等，通过这种小的事情让女孩熟悉这种感恩的状态，并最终知道如何表示自己的感恩。

2.教导女孩感谢师恩

从上学那天起，妈妈就告诉女儿敏敏："在学校里，老师就是你的父母，老师会像爸爸妈妈一样对待你，他们希望你学好知识，拥有本领，将来有出息，所以，你一定要尊重老师。"

后来，敏敏上初中了。爸爸妈妈开始鼓励敏敏用实际行动来向老师感恩，特别是在教师节前夕，爸爸妈妈会让敏敏买来节日卡片，并让她写上自己的祝福语。在教师节当天，敏敏会将卡片送给自己的各科老师。对一些曾经教过自己的老师，敏敏也会通过电话表示节日的问候。在送出祝福的同时，敏敏也得到了每位老师的热情回应，从老师们高兴的言语和表情中，收获到了感恩所带来的快乐。

爸爸妈妈还让敏敏积极地为老师擦黑板，鼓励敏敏当班干部，既可以锻炼自己的能力，又可以帮助老师分担一点义务。

一位教育家曾说过："要想社会安定和谐，必须从感恩父母、尊敬师长开始。"一个国家的人民如果重视孝道和师道，这个民族肯定繁荣昌盛。

俗话说："尊师重道。"孩子只有对老师心存恭敬和感恩，才能重视学业、孜孜不倦。作为父母，不但要教导孩子尊重老师，更要从心底体谅老师的辛劳。父母做到了，孩子自然会感念老师教育之恩。

3.让女孩学会表达感谢

用语言表达感恩最常见和最普通的方式就是真诚地说一声"谢谢"。但生活中，许多人对这一句"谢谢"不以为然，认为不过是一句话而已，事实上，这句简单的"谢谢"，表达了一个人的一种人生态度，一种感恩之心。

有一次，朋友给高丽的女儿买了一顶帽子。女儿一戴就开始不停地抱怨："帽子太小啦！怎么戴着还头皮发痒呀？"一脸的不高兴，更没有主动表示感谢之意，弄得高丽很生气，朋友也一脸尴尬。

等朋友走后，高丽就问女儿："如果你把买来的一个礼物送给别人，结果人家看到你送的东西一脸的不高兴，你心里会怎样想？如果对方高高兴兴地接受了你的礼物，并真心地表示感谢，你是不是会很愉快呀？"

当女儿知道自己做得不对时，高丽就建议女儿给送她帽子的阿姨打电话。在电话中，女儿首先向阿姨道歉，接着又真心地表示了感谢。后来，女儿懂事许多，对于那些帮助过自己的人，她都会主动表达自己的感谢之情。

感谢他人，对人家说声"谢谢"，是感恩的简单形式。培养女孩感恩的心态，要从培养女孩学会对帮助她的人说声"谢谢"开始。当孩子在生活中获得帮助时，父母要提醒孩子及时表达感谢，比如，带着孩子出入公共场合，对于周围人给予的便利，父母的不仅要真心说"谢谢"，而且还要提醒孩子："快！谢谢叔叔！"

当女孩善于表达感谢，说明她已经渐渐懂得回馈他人的付出，特别是别人的付出给自己带来方便的时候，更不会熟视无睹或者觉得理所应当。这样，孩子会生活在感恩的世界，而世界回馈给孩子的，当然也是最大的恩惠。

4. 通过讲故事来激发女孩的感恩之心

女孩年龄尚小，对感恩的概念不是很理解，如果父母直接给女孩讲大道理，女孩可能很难接受，这时，不妨给女孩讲一些感恩的故事，让女孩明白其中的道理。故事具有潜移默化的特点，那些蕴含着深刻的人生哲理、人生智慧的故事，能使抽象的道理具体化和形象化，具有极强的教育的力量，可以使女孩们在不知不觉中自觉主动地思考，有效地打动女孩们的心灵。

一位母亲一直以来都习惯在孩子午睡之前，讲10分钟的故事。一次，这位母亲逛书店时发现了一本关于感恩的故事书，就买了回去。从那以后，她每天在孩子午睡前，都给孩子讲两三个感恩故事。就这样，孩子听了一年的感恩故事。

一个冬天的早上，母亲从外面买早点回来，双手冻得通红，她不停地搓着双手。她的孩子刚起床，看到了妈妈很冷的样子，就说："妈妈，你的手是不是很冷呀？我的手很热，给你焐焐。"说着用他的小手捂住母亲的双手，还把他的笑脸贴在母亲的脸上。

看到孩子这么懂事，母亲心里幸福极了。

教育孩子心怀感恩需要注重方法，一些说教性的大道理并不能打动孩子，父母要学会巧妙地利用感恩的故事来教育孩子，让孩子从故事中获得启发，受到感恩故事的熏陶。

5. 让女孩在劳动中学会感恩

俗话说："习劳知感恩。"只有自己真实地付出劳动，才会知道感恩他人。父母要想培养女孩的感恩心，就一定不能把孩子养成"小公主"，一定要让女孩在家务劳动学会体谅父母，感恩他人。

王大妈的女儿嫁给了一个美国人后生了两个孩子。后来女儿和女婿来中国发展，和王大妈生活在一起。

然而，在教育孩子的问题上，王大妈却和女婿产生了矛盾。

作为外祖母，王大妈把所有的爱都给了外孙，外孙想要什么，王大妈就给他们买，从来没有想过让他们做家务。然而，外国女婿对王大妈却不领情，他认为孩子不能这么宠着，一定要让孩子知道有付出才有回报，并为孩子安排了家务活。例如，每天早上扫地、拖地板，每天晚餐为大家摆碗筷，隔两天浇花，每天喂鱼，每天收拾玩具……这份家务计划里还包括为外祖父拿眼镜，帮外祖母择菜、洗菜，甚至还有为爸爸妈妈擦皮鞋。

王大妈很不理解，但孩子却没觉得家务劳动有多苦，经常干得乐滋滋的。后来，王大妈从女儿那里得知，女婿是为了培养孩子的独立、感恩和责任意识。

一个从小没有做过家务或是很少做家务的女孩，怎能感受家人的辛苦？一个人只有在亲身经历了某一件事情后，才能真正地理解和体谅同样做过这件事情的人。女孩只有亲手去做家事的时候，才能真正体会父母的辛劳。所以，父母一定要支持女孩去劳动，最好的练习场所就是家庭，劳动一定会让女孩懂得感恩。

付出爱，让世界充满爱

爱是世界上最珍贵的感情。爱心是人类最美好的品质，它是人性的基础。一个没有爱心的人，就是一个冷漠的人，一个与社会脱节的人。

人与人之间的关系，需要爱来维系；人与人相处，也需要爱作为润滑剂；即使是人与动物相处，也不能没有爱心。爱无处不在，爱也无所不能。

世上每个人都期望得到爱。爱的力量是伟大的，是无可比拟的。它穿越时空，照亮一个人心中的黑暗；它无私而高尚，融化人们冰冷的心田；它不求回报，心甘情愿地付出。给人以爱，你也将处处得到他人的爱。

有位孤独的老人，无儿无女，又体弱多病。他决定搬到养老院去。老人宣布出售他漂亮的住宅。购买者闻讯蜂拥而至。住宅底价8万英镑，但人们很快就将它炒到了10万英镑。价钱还在不断攀升。老人深陷在沙发里，满目忧郁，是的，要不是健康状况所迫，他是不会卖掉这栋陪他度过大半生的住宅的。

一个衣着朴素的青年来到老人眼前，弯下腰，低声说："先生，我也好想买这栋住宅，可我只有1万英镑。可是，如果您把住宅卖给我，我保证会让您依旧生活在这里，和我一起喝茶、读报、散步，天天都快快乐乐的。相信我，我会用整颗心来照顾您！"

老人颔首微笑，把住宅以1万英镑的价钱卖给了他。

很多时候，只要你拥有一颗爱人之心，你就可以完成你的梦想。一个人如果能把爱心当作一种力量来运用在自己的人生中，那么无论遇上什么样的困难、什么样的挫折，都能战胜，对于自己想要完成的事，几乎可以说是无所不能的。

爱心，是人性光辉中最美丽、最暖人的一缕。没有爱心，没有人与人之间发自肺腑的关爱，就不可能有人类的进步。拥有爱心不仅会使世界变得美好，而且也会更有助于人自身的身心健康。

作家冰心曾说："有了爱就有了一切。"爱是美好品德的核心，是人类最伟大高尚的情感。对于女孩，我们不但要为她们创设一个被爱的环境，更重要的是要让她们学会如何去爱别人。爱，可以让我们的女孩察觉别人的困难，并唤醒她们的良知与感情，女孩们才会变得宽容而富有同情心，才能理解别人的需要，才会伸出双手去帮助那些受到伤害和需要帮助的人。一个不会爱的女孩是可怕的，她的感情生活也将一片空白。

小萌出生在一个并不富裕的家庭，爸爸妈妈都是普通的工人。可是，一家人在一起非常和睦，其乐融融。邻居们都非常羡慕他们家，大家都生活得紧巴巴的，家里经常会为一些鸡毛蒜皮的小事吵架，为什么他们家就没有那么多事呢？

其实，原因很简单，小萌的家庭之所以和睦，是因为他们家人都非常体谅别人。小萌的父母非常恩爱，他们对小萌也非常关心，但从来都不过分地宠小萌。在这样一个家庭中生活，小萌逐渐变得非常懂事：平时她很体贴父母，自己能做的家务活，也尽量帮父母去做；有好吃的东西，她从来都不自己一个人吃。在小区里，她也是一个人见人爱的孩子，别人都夸她很有爱心。

长大后，小萌做了一名医生，实现了她白衣天使的梦想。由于她从小就富有爱心，她对自己的病人非常关心，因此，不仅病人对她非常感激，同事们也对她欣赏有加。

小萌的家庭之所以和睦，小萌之所以能在事业上有所成就，与她的爱心是密不可分的。没有爱，小萌就不可能得到这一切，没有爱，小萌也不可能健康地成长。

大画家凡·高说："爱之花开放的地方，生命便欣欣向荣。"的确，这个世界因为有爱才美丽，人生也因为有爱而变得温暖。因此，拥有爱心的孩子才是人世间最美的花朵。

爱心的产生，是基于个体的社会性情感需要的，它不是人与生俱来的品质，而是在后天的环境和教育的熏陶下逐渐形成的习惯性心理倾向，必须在童年时细心培养。所以，父母平时注意对女孩一点一滴的培养，一言一行的引导，在平时生活中关注女孩，培养女孩的爱心，那仁慈博大的爱心就会在女孩心头扎下根，并会随着女孩的成长而不断扩展和升腾。

1.做有爱心的父母

榜样的力量是无穷的，也是最有效的。孩子们对社会的态度以及为人处世的原则很多都是从家庭的氛围中慢慢培养出来的。有很多父母本身就是很有爱心的人，在这样的家庭里长大的小孩，耳濡目染父母的一言一行，长大后更易成为有爱心的人。

有一对父母带着女儿去购物，路上遇到一个蓬头垢面且身上散发着难闻气味的乞丐。路人纷纷躲避，有的还说："现在有的乞丐是假装的，他们都是职业乞丐，其实富得很！"女儿问父亲是这样吗？父亲说："假如乞丐真的很富有的话，他们是吃不了沿街乞讨这种苦的。"女儿听后，很懂事地把自己的零花钱取出，跑过去轻轻地放在乞丐的手中，还说了几句安慰的话。那乞丐很感动，说："我头一次遇到心肠这么好的小姑娘。"小姑娘认真地说："不用客气！"父亲的三言两语，给孩子上了一堂生动的爱心课。

俗话说，种豆得豆，种瓜得瓜。孩子爱心的培养，需要父母的爱心浇灌。父母是爱心传递的使者，尊老爱幼，用心去影响孩子，包括尊敬乡邻，爱护一草一木，珍惜光阴等，潜移默化中使孩子拥有爱的感知。

2.鼓励、引导女孩的爱心行动

培养女孩的爱心，要从赏识女孩的行动开始，对女孩的爱心行为和表现做出正面的、积极的回应，通过这种回应和赏识，强化孩子的爱心行为，鼓励孩子在以后怀着一颗爱心去生活。

在一次自然灾害后，一所小学鼓励学生踊跃捐款。老师对学生们说："同学们，如果我们每个人都捐出自己的压岁钱，那么灾区的小朋友就有饭吃，不用再挨饿，有被子盖，不用再受冻。如果我们早一点儿拿出自己压岁钱，早一点儿把捐款送到灾区，那灾区的人们就会早一分钟脱离困境！"孩子们听得非常认真，下午放学后，纷纷捐出了自己的压岁钱。其中一位小女孩捐出了她所有的压岁钱，足有五百多元。

然而，这个小女孩回到家中却遭到了妈妈的批评。妈妈埋怨她说："这么多钱你平时自己都舍不得花，怎么一下子全都捐出去了呢？再说，这么大的事你也不等妈妈回来商量一下就自己做主了，这怎么可以呢？"

不料，小女孩突然难过地哭了起来，她哽咽着说："老师说了，早一分钟捐出来，灾区的小朋友就能早一分钟吃到东西，我想让他们少挨一会儿饿！"

妈妈一下子被孩子心中的悲悯之情所打动，她抱着孩子温柔地说："孩子，你是对的。是妈妈错了，妈妈太小气，你是个有爱心的好孩子，妈妈支持你！"

在成长中，孩子的爱心往往比成人来得更强烈、更真实。这时，父母一定不能因为一些小事而否定孩子的爱心，而应马上给予肯定的赞扬和鼓励。因此，当孩子帮了别人一些小忙，或者替别人着想时，父母要及时表扬他的这一举动，鼓励他以后多做一些助人为乐的事情。

3.教女孩尊重一切生命

有一天，芳芳独自一人在家，她把家里养的一只小狗拴在屋外的院子里。不久，下雨了，但芳芳并没有把小狗带到室内来。小狗在外面"汪汪"大叫，冰冷的雨水使它浑身发抖。

这时，芳芳的母亲从外面回来，看到这种情况，赶忙将小狗牵到屋里，并质问芳芳："芳芳，你为什么让小狗在外面淋雨？"

"我……我忘记把它带回来了。"

"可是，你没有听见它在叫你吗？"母亲听她那样说非常生气，因为她知道芳芳在撒谎。

"我想它在外面没什么。"芳芳为自己辩解道。

"没有什么？那么把你也放到外面去淋一会儿雨，你愿意吗？"

"不愿意。"

"芳芳，你自己不愿意，为什么要小狗去淋雨呢？你看，天气这么冷，小狗会生病的。把小狗放在冰冷的雨水中，这是多么残忍啊！假如有谁让你去淋雨以致生病的话，妈妈该有多么伤心呀！"

听了母亲的话，芳芳低下了头。她承认是自己错了，并表示以后再也不会这样，一定会爱护小动物。

若要养成孩子的爱心，我们不妨从教育孩子从尊重生命开始。所谓"万物皆有情"，人生而为万物之灵，就更该对世间万物的生成充满感恩与爱。为了让孩子也能关注到人以外的事物并给予关爱，父母可以在家中养宠物，像猫、狗、鸟、鱼等，或者种几盆花草也可以。在让孩子负责去饲养或换水、清理的同时，顺便告诉他这些生命同样需要被尊重的道理。

4.给女孩创造献爱心的机会

英国有一所学校为了培养孩子的爱心，专门开设了爱心增长课。这种课程要求全校学生在一个学期当中，都要过一个盲日、一个病日、一个聋日和一个哑日。例如在盲日这天，他们的眼睛就要被蒙起来，什么都看不见，然后学校安排其他的孩子去帮助他们，这样使"盲者"和帮助他们的孩子都能体会到爱心的重要性，并能从中受到教益。学校老师和学生家长普遍反映，自从过了盲日、病日、哑日等残疾日之后，这些孩子的爱心增长了很多倍，他们开始变得懂得关心和爱护别人了。这样的课程让孩子们亲身体验到了作为一个残疾人的不便和痛苦，也让孩子在给需要帮助者献上爱心时，真正体会到了帮助别人所获得的快乐。

培养女孩的爱心，我们也要注意给女孩创造献爱心的机会。比如带女孩搭公车时，看到有老人上车，父母自己以身作则起来让座，就是让女孩感受到博爱意义的好机会，同时引导女孩关心身边的人。如果听到有其他小朋友有困难，父母可以主动告诉孩子去问问同学是否需要帮助，父母同时给予协助，让孩子从小就能体会帮助人的快乐，也能让孩子更富有悲悯之心。再比如，有新闻报道说，某地有人缺钱做手术，生命垂危，这时，我们就应该带孩子一起去捐款，献上一份爱心，而且要让孩子拿出自己的零花钱以他自己的名义献爱心，这样孩子就能体会到献爱心的一种成就感和自豪感，为孩子以后更大的爱心行为打下基础。

第六章
心理素质，
有教养的女孩
心态好

不让忌妒破坏女孩的心境

忌妒是一种比较复杂的混合心理，其中包含焦虑、恐惧、悲哀、消沉、猜疑、敌意、怨恨、报复、羞耻等成分。从本质上讲，忌妒是一种不健康的心理状态，它带来的后果往往是竞争、攻击和对立。

现代社会，父母对子女的期望越来越高，孩子在竞争的环境里，学习压力越来越大。加上独生子女多有表现自我、突出自我的性格特点，这种竞争有时就会演变成忌妒。一个人有了这种不健康的情感，就等于给自己的心灵播下了失败的种子。

盈盈和嘉怡小学时就是形影不离的好朋友。两个小伙伴更是整天在一起玩，晚上放学后也一起写作业，有了喜欢的东西也愿意和对方分享。

但最近，妈妈发现，盈盈对嘉怡有些反感，一直没理嘉怡。妈妈感到很奇怪。

这天放学后，电话响了，妈妈接起来后，是嘉怡打来找盈盈一起出去玩的。

"盈盈，嘉怡叫你一起出去玩。"妈妈叫盈盈接电话。

"我不去，就说我正在写作业呢。"盈盈闷闷地说。

"盈盈，你怎么了？"妈妈握着电话不知道该怎么说。

"我都说不去了，真烦。"

"对不起啊，嘉怡，盈盈她有点不舒服，今天就不去找你玩了，明天让她过去找你好吗？"妈妈只好这样告诉嘉怡。

放下电话后，妈妈问女儿："盈盈，你怎么不理嘉怡了，你们不是好朋友吗？"

"没有呀，只是我今天心情不好。"

晚上吃晚饭时，爸爸说："盈盈，听说嘉怡被评为'市三好学生'了，怎么没听你说过啊？"盈盈突然就放下了碗筷，一脸的不服气："哼，那有什么了不起的！真是的，有了一点点的成绩就到处炫耀……"

妈妈忽然明白了，怪不得盈盈最近不理嘉怡呢，原来嘉怡被评为了"市三好学生"，而盈盈却与此无缘，多年的好朋友之间出现了不平等。于是盈盈因为忌妒，而不愿意与嘉怡交往了。

忌妒是一种原始的情感，是人类心理中动物本能的表现。它是对别人在品德、能力等方面胜过自己而产生的一种不满和怨恨，是一种被扭曲了的情感。忌妒心理对孩子之间的发展交往具有不良的影响，会妨碍孩子的进步。忌妒心强的孩子，看到别人超过自己就不服气，心里就觉得不舒服，甚至会怨恨别人，对此，父母一定要做好心理疏导工作。

忌妒是女孩成长过程中一个不容回避的问题，它并不可怕，关键在于如何战胜它。生活中，父母要对女孩的忌妒心理给予关注，平时要细心观察了解，关心她们的心结所在，一旦发现忌妒心态的萌发，就应该及时地加以正确引导、制止和纠正，使女孩能够朝着健康的方向发展，在以后的人生道路上成为真正的强者。

1. 让女孩认识到忌妒的危害

当父母发现孩子有忌妒心理时，要及时向孩子讲明忌妒的危害性，忌妒不仅影响孩子间的团结，而且对自己也没有好处。应当认识到忌妒的本质和危害，因为人人都需要与同伴接触和交流，而忌妒却有碍于人际关系的和谐和自己的进步，发展下去既会害了别人，还会毁了自己。

2. 父母要正确评价女孩

父母要正确评价自己的孩子，平时就要多多关心孩子，注意发现他身上的闪光点，及时进行表扬和鼓励，但是不能因疼爱和喜欢，就把对孩子品德、能力的评价随意拔高，过分赞赏，以免孩子对自己产生不正确的印象。父母还要适当地指出孩子的长处和短处，使其明白人人都有长处和短处，如果处处都想和别人争个高低，什么事都想压过别人，只会自寻烦恼，因为处处都超过别人是根本不可能的，教导孩子朋友之间要互相学习，帮助孩子正确评价自己。

3．培养女孩宽容的品质

有忌妒心理的孩子，往往有自身的性格弱点，如与人交往时，喜欢做核心人物，当不能成为社交中心时，就会发脾气；同时，他们不会感谢人，易受外界影响等。对有性格弱点的孩子，父母要悉心引导。在孩子面前，要对获得成功的人多加赞美，并鼓励孩子虚心学习他人长处，积极支持孩子通过自己的努力去超越别人、战胜自己，使孩子的忌妒心理得到正当的发泄。孩子学会了处处接纳他人、理解他人、信任他人，不仅会发现他人的许多优点，而且也会容忍他人的某些不当之处，求大同存小异。这样，孩子的人际关系就会变得融洽和谐。让孩子懂得"金无足赤，人无完人"，每个人都有自己的长处，也有自己的不足，帮助孩子形成正确的自我认识，能让孩子认识到自己的优点和不足，变得不再忌妒。

4．引导女孩正面宣泄负面情绪

孩子对他人拥有的自己不具备或得不到的东西，往往会产生一种由羡慕转化为忌妒的心理，这是很正常的现象。父母平时应该多和孩子接触交流，及时掌握孩子的心理变化，了解孩子忌妒的直接起因，耐心倾听孩子的心理感受。要知道，孩子的忌妒是直观、真实甚至自然的，它完全不像成年人那样掺杂着许多其他的社会因素，它只是孩子们对自己愿望不能实现而产生的一种本能的心理反应。因此，当孩子显露出其忌妒心时，父母千万不要严加批评指责，而是倾听、理解他的愤怒、不安、烦躁等不良情绪。在孩子倾诉完之后，要为他正确分析与他人产生差距的原因，积极寻找缩短差距的途径和方法，以便使孩子能正确与他人进行比较，以积极的方式缩短实际存在的差距，最终化解内心的不平衡。

有自信的女孩有魅力

自信心是一个人能力的支柱，是打开生命潜能大门的钥匙。没有自信心，就无法开发人的潜能，因而也不能使人成长为人才。父母对孩子的教育培养，最重要的内容就是培养孩子的自信心。

一个人拥有自信，做任何事情的时候都会充满信心地全力以赴，因为他相信自己能够成功，自然不会畏畏缩缩、裹足不前。而一个人如果缺乏自信，做起事来就会心事重重、瞻前顾后，而不能一往无前，这样，又怎能成功呢？

有一位女歌手，第一次登台演出时，内心十分紧张。想到自己马上就要上场，面对上千名观众，她的手心都在冒汗："要是在舞台上一紧张，忘了歌词怎么办？"越想，她心跳得越快，甚至产生了打退堂鼓的念头。

就在这时，一位前辈笑着走过来，随手将一个纸卷塞到她的手里，轻声说道："这里面写着你要唱的歌词，如果你在台上忘了词，就打开来看。"她握着这张纸条，像握着一根救命的稻草，匆匆上了台。也许是因为有那个纸卷握在手心，她的心里踏实了许多。她在台上发挥得相当好，完全没有失常。

她高兴地走下舞台，向那位前辈致谢。前辈却笑着说："是你自己战胜了自己，找回了自信。其实，我给你的，是一张白纸，上面根本没有写什么歌词！"她展开手心里的纸卷，果然上面什么也没写。她感到惊讶，自己凭着握住一张白纸，竟顺利地渡过了难关，获得了演出的成功。

"你握住的这张白纸，并不是一张白纸，而是你的自信啊！"前辈说。

　　歌手拜谢了前辈。在以后的人生路上，她就是凭着握住自信，战胜了一个又一个困难，取得了一次又一次成功。

　　自信对一个人一生的发展起着重要的作用。在孩子健康成长的道路上，自信心的培养也是至关重要的一课。胡适先生在《一个防身药方的三味药》这篇文章中，送给青少年的三个防身药里就有一味名叫"信心汤"的药。他说："第三味药，我叫它做'信心汤'，这就是说，你总得有一点信心。我们生存的这个年头，看见的、听见的，往往都是可以叫我们悲观、失望的——有时候竟可以叫我们伤心，叫我们发疯。这个时代，正是我们要培养我们的信心的时候，没有信心，我们真要发狂自杀了。我们的信心只有一句话：'努力不会白费'，没有一点努力是没有结果的。"

　　自信是女孩的潜力的"放大镜"。如果女孩是一个自信的人，那么她乐观进取，做事积极主动，勇于尝试，乐于接受挑战；但若是女孩缺乏自信，那么她就会在任何事情面前都表现得极为缺乏自信，因而柔弱、害羞、充满恐惧，既不敢面对新事物，也不敢主动与人交往，将失去很多学习和锻炼的机会，影响自身的发展。长此以往，孩子就会产生"无能"的感觉，变得自卑，甚至可能产生自暴自弃、破罐子破摔等极度不良心理，后果将很可怕。

　　自信是一个成功者最重要的心理素质之一，但它并非与生俱来，必须由父母对女孩从小加以正确引导，使女孩逐渐学会相信自己，建立起自信。

　　1.鼓励女孩进行积极的自我暗示

　　女孩在生活中难免遇到失败和挫折，而失败的阴影是产生自卑的温床。所以，父母应及时了解女孩的心理变化，鼓励女孩进行积极的自我暗示，帮助女孩及时驱逐失败的阴影，这是克服自卑、保持自信的重要手段。

文文是一名初二女生，平时学习成绩好，性格开朗，也很自信，但在体育方面不太突出，一上体育课，她就提不起精神，体育成绩大部分都要通过补考才能过关。一天，体育老师教学生们后滚翻，一半的学生都能顺利地翻过去，还有一部分经过练习也顺利地完成了动作，但有个别几个女生怎么也成功不了，其中就包括文文。

当她第四次要去尝试的时候，一位翻过去的同学告诉她："你就在心里想，'我一定能翻过去'，我刚才这样想就翻过去了。"文文听了说："好！"当她蹲在垫子上，准备后翻之前，告诉自己："我一定能翻过去！一定能！"想完，她就闭上眼睛顺势后仰，当她睁开眼睛的时候，发现自己还是坐在垫子上，但是位置变了，她愣愣神，发现自己翻过来了。

之后，每一次体育项目，比如跳鞍马、跳远、跳高时，她都在心中默念三遍："我一定行！"慢慢地，文文的体育虽然不是强项，但是明显有了进步，她也从中明白了心理暗示很重要，自信更重要。

可见，当女孩遇到挫折和失败时，需要以不断的心理上的自我暗示，来获取前进中必不可少的原动力。积极的暗示带给女孩的是积极的认识和体验，能帮助女孩稳定情绪、树立自信心，增强战胜困难和挫折的勇气，保持积极向上的精神状态。

当女孩感到信心不足时，父母应该鼓励女孩进行积极的自我暗示，把"别紧张，我也行""我一定能成功"之类的话写下来，或者大声说出来。也可以在此基础上，让孩子根据自己的实际情况拟定一句鼓舞斗志的话，每天上学之前都念上几遍，在语言暗示后再满怀信心地去上学。

2.让女孩自己做力所能及的事

平时多鼓励孩子，要让女孩自己的事情自己做，不要怕女孩做错，没有错的经历就没有对的经验。女孩在实践中做对的要给予充分肯定，有不足要帮女孩找到原因，让女孩通过自己的实践丰富知识，增强对自己的认识，这样才会更加相信自己的力量。

　　一个女孩聪明伶俐，很得父亲的喜爱。父亲很勤劳，当女孩的母亲让孩子帮忙做事的时候，父亲都会连忙说："我来，我来，孩子，你玩吧！"于是，起身去帮忙，久而久之，家里的事情，女孩根本就不用插手。

　　当女孩十几岁时，家里来了客人，母亲唤女孩帮忙端饭，父亲依然习惯地说："我来，我来！"女孩就在父亲的呵护下长大了。女孩二十几岁时，生了一次病，就辞掉了工作，一直在家养病，说是养病实际是不想工作了。

　　熟悉的人和女孩谈话时，女孩总是说自己什么都不行，自己活着也是废物。周围的亲戚朋友帮忙出谋划策或是帮忙给找工作，最终，女孩都以推三阻四或不能坚持而告终，她的自卑就像印在骨头里一样，很难扭转。

　　其实，这个女孩子不是天生就自卑的，是父母的教育使她没有办法自信起来。她从小在过度保护下成长，自理能力差、依赖性强，她无法通过自己的实践去认同自己的能力，长此以往，没有实际的尝试和操作，当然很难建立自信。所以说，父母只有培养女孩的自理能力和独立性，女孩才能建立自信，否则很容易出现退缩。

　　生活中，父母可以营造较宽松的心理环境，允许孩子自己尝试和犯错；注意"君子动口不动手"，多提建设性的意见，少为孩子做不必要的帮助，给予孩子独立锻炼的机会，才能让孩子体验成功的快乐，建立真正的自信心。

　　3.引导女孩正确评价自己

　　生活中，父母要帮助女孩发现她的长处，肯定她的成绩，并且让她的优点长处进一步放大。因为一个人只有客观地评价自己和他人，与他们进行正确的社会比较，才有助于增强自信心。

刘娜是初一的学生，自小体弱多病，所以体育成绩比较差，但文化课成绩在班里却一直名列前茅。一次上体育课，老师要求同学们沿着操场跑两圈，当所有的同学都跑了两圈时，刘娜只跑完了一圈，老师要准备后面的活动，所有的同学都站着等待刘娜。

此时的刘娜见几十双眼睛盯着自己，虽然老师和同学们嘴里没有说什么，但她感觉到别的同学对自己的轻视和嘲笑，心里十分难受，含着眼泪跑完了。

放学回家后，刘娜的心情还没恢复，妈妈了解了事情的经过后，对刘娜说："孩子，你的学习成绩在班里名列前茅，只是身体太弱了。以后加强锻炼，争取做个全面发展的优等生！"听了妈妈的话，刘娜的心情好了许多。

俗话说：尺有所短，寸有所长。每个女孩都有一定的长处，也都有她的短处。父母要引导和教育孩子对自己进行积极、正确、客观的评价，并且认识到任何人都具有自己的长处，也都会有短处或不足。要相信并发扬自己的长处，弥补自己的短处。在生活当中，父母还要注意并善于发现孩子的优点和点滴的进步，并不失时机地给予肯定和表扬。孩子认为自己有优点，也能取得一定的成绩，便会增强取得更大、更好成绩的信心和希望了。

4.用欣赏的眼光看女孩

在日常生活中，很多父母总是一眼就能洞察别人家孩子的优点，却对自家孩子的长处置若罔闻，总是不遗余力地去夸赞别人家孩子的优秀，却对自家孩子吝惜一句真心的赞美。这样难免会伤害孩子的自尊心、影响孩子的健康发展。我们不妨换一种方式，用欣赏的目光注视孩子，用鼓励的语言激励孩子，发现每个孩子的独特之处，发现他过去和现在的行为变化，培养增强孩子的自信心。

　　励志大师卡耐基在小的时候被人们公认为坏孩子，由于他好动的性格，所以经常出去惹是生非，让他的父亲很无奈。

　　在卡耐基9岁那年，父亲娶回了他的继母。继母到家里之后，父亲叫过卡耐基介绍说：“亲爱的，这是我们家的捣蛋鬼，你以后一定要注意这个全州最淘气、最坏的孩子。”继母亲切地走到卡耐基面前，摸着他的头微笑着说：“你这是错怪孩子了，这么可爱的孩子怎么能是坏孩子呢？他之所以被人错怪，只是因为他还没有找到发挥热忱的地方而已。”继母的话让卡耐基很感动，和继母的初次见面，让母子之间建立了良好的友谊。也正是这样一句激励的话，让卡耐基树立了自信，寻找到了人生的目标，也让他成为对当今社会最有影响力的人之一。

　　作为父母，我们一定要记住：每个孩子都是为得到赏识而来到人间的。父母要学会给孩子正面的肯定，这样才有利于孩子自信心的培养。父母要对孩子满怀信心，对孩子说“你很棒”。因为父母对孩子的态度很重要，父母肯定的眼神会让孩子感到信心十足。

做一个乐观开朗的女孩

　　世界就是一个矛盾的混合体，有阳光也有风雨，有光明也有黑暗。生活也是如此，有顺心的日子，也有难熬的岁月，但是只要我们能用一颗乐观的心来看待朝霞和夕阳，它们就是一样美丽的。父母要把这种乐观的心态及时输入孩子的心。

　　有一位智者说过：“生性乐观的人，懂得在逆境中找到光明；生性悲观的人，却常因愚蠢的叹气而把光明给吹熄了。当你懂得生活的乐趣，就能享受生命带来的喜悦。"乐观的人，凡事都往好处想，以欢喜的心想欢喜的事，自然成就欢喜的人生；悲观的人，凡事都朝坏处想，越想越苦，终成烦恼的人生。世间事都在自己的一念之间。我们的想法可以出现天堂，也可以出现地狱。

人生充满了选择，而生活的态度就是一切。你用什么样的态度对待你的人生，生活就会以什么样的态度来待你。你消极悲观，生命便会暗淡；你积极向上，生活就会给你许多快乐。

在培养女孩的心理素质和性格过程中，乐观性格的培养是一个必不可少的基本成分。乐观的性格是女孩应对人生中悲伤、不幸、失败、痛苦等不良情绪的有力武器。如果女孩无法乐观地面对人生，就会意志消沉，对前途丧失信心，而且长此以往，还会损害身体健康。

乐观是孩子对未来充满信心和希望而又不断进取的个性特征。也许有些孩子天生就比较乐观，有些孩子则相反。但心理学家发现乐观思想是可以培养的，即使孩子天生不具备乐观品质，也可以通过后天的努力来实现。

当然，积极乐观的态度的形成并非一日之功，需要在生活中的细微处点滴地积累和培养，当孩子能把困难和痛苦看作一种成长的快乐时，那也将是父母最大的快乐。

1.用积极乐观的态度感染女孩

父母的言行会影响女孩的成长，或许就是一次有意或无意的言行，让她懂得要在艰难困苦中走出前途，找到属于自己的光明未来。女孩的成长过程中难免会遇到困难和挫折，这个时候做父母的更不能袖手旁观，要给女孩一个积极引导，让她看到方向，看到希望。

杰西卡是美国著名的女企业家，她的父亲是乐观主义者。父亲最喜欢说的一句话是："太阳总会出来的。"

有一次杰西卡遇到不顺心的事，愁眉苦脸地回到家，父亲说：

"告诉我，杰西卡！上月或者去年，你有没有遇到这么不顺心的事？此刻，你自己都记不起来了吧？所以，你今天如此烦恼，有些事到头来也许并不真那么糟呢。别想它了，太阳总会出来的，明天好好干吧！"

许多年之后，当杰西卡奋力拯救濒临破产的公司时，她首先想起的就是父亲那句"太阳总会出来的"。尽管当时处境很糟，但她努力保持清醒的头脑，告诉自己困难总会过去的。

父母是孩子的榜样，要想使孩子有积极乐观的心态，父母首先要有积极乐观的品质。父母积极乐观的思维处事方式，使孩子耳濡目染，会潜移默化地影响孩子。教育家斯宾塞说："孩子很容易受到家长的影响，如果他感受到了你的积极，他会慢慢获得一种美好的人生感觉，信心倍增，人生目标感也越来越强烈。"因此，父母要善于用美好的感觉、态度和信心影响孩子，并向孩子传递一种积极的人生信念。

2.帮女孩排解不良情绪

女孩在生活中碰上令人不满的事情之后，父母千万不要让她们由此产生的负面情绪憋在心里，这很不利于女孩心理的健康发育。当女孩感到悲伤失望时父母要给孩子以安慰，让她把自己的不满和委屈都讲出来，学会正确地运用心理疏导方式及时地走出不良情绪的困扰。如果不良情绪长期得不到发泄，就会发生壅塞，只会渐渐地使孩子走向消极。平时，父母要多向孩子灌输一些乐观主义的思想，让孩子明白，困难是短暂的，人生的道路是可以平坦的。

一个女孩大学刚毕业，毕业之后她一直穿梭于各大招聘会，并频繁地参加面试。当屡次面试无果后，她感到很沮丧，压力也很大。回家后，她把自己的压力告诉了父母。父亲很理解她，安慰说："别着急，好事多磨嘛，在面试的过程中你也有很多收获啊。压力别太大，相信最好的那份工作一直等着你呢！"第二天，父亲还请自己的一位年轻朋友来和女儿交谈面试经验。

这位朋友对女孩说："千万别着急，我那时也是天天参加面试，就在等待和面试中反复。原本想着，刚毕业，只要对方能给我月薪1500元，我就挺满意的。面试了几家，觉得挺有希望的，但最后那几家公司都没录用我。可是，就在面试一家合资企业的时候，我感觉根本没戏，没想到，人家后来居然录用了我，月薪还3000元呢。真是没想到啊！"女孩听着很起劲，这位朋友接着说："在面试的过程中，我始终告诉自己，要把最好的一面展现给每一家通知我面试的公司，说不定，好的机遇就在其中。所以，无论怎样，一定要乐观积极地面对，好结果就不远了。"

听了这位朋友的话，女孩浑身充满了力量，她又乐此不疲地穿梭在各大公司之间……不久，她面试过的一家自己很满意的企业通知她上班。对着这个结果，她由衷地感谢父亲和那位朋友，是他们教会她用阳光的心态去面对生活中的一切。

父亲的帮助使女儿顺利地走过了人生的这一阶段。当女儿以后再遇到困难时，就学会了用正确的心态去面对，不至于低迷消沉。事实上，每个孩子都会碰到不顺心的事情，即使天性乐观的孩子也不例外。当孩子遇到困境时，父母要多多留心孩子的情绪变化，如果孩子闷闷不乐，父母就要抽时间和孩子交谈，指导孩子排除心理障碍，使悲观情绪、不良情感及时得到化解。

3.为女孩创建轻松快乐的家庭气氛

一个初三的女孩平时喜欢运动，性格开朗活泼，乐观积极。然而，中考前夕，因为学习压力大，她总是心情烦闷，提不起精神，甚至对考试有抵触情绪。父母见状，觉得需要帮助孩子及时调整。

于是，一个周末，父亲和孩子商量明天全家去骑自行车郊游，孩子也表示同意。接着，一家人就开始忙着准备明天的郊游，母亲去超市购物，父亲去给自行车做准备，女儿查网络选择最佳出游路线，三个人忙得不亦乐乎。

第二天，大家早早地就出发了，一路上孩子好像好久没有呼吸到新鲜的空气，好久没有看到美丽的风景一样兴奋。他们走出城市，走到乡间，路过小桥，看到小溪……中午，三个人一起露营午餐，接着，又在温暖的阳光下聊天、午休。

傍晚时分，三人筋疲力尽地回到城市，一家人商量着要吃一顿火锅来慰劳自己的肚子。当大家围着热气腾腾的火锅尽享美味的时候，每个人都感觉到了家庭的温暖。这短暂的休憩，还真帮助孩子调整了心情，接下来的学习生活，女孩明显比以前有劲头了，她仿佛又找回了那个开朗自信的自己。

家庭的气氛及家庭成员之间的关系，在很大程度上会影响孩子性格的形成。著名心理学家法迪斯说："在孩子学会语言之前，他们是从感情的氛围中得出自己的结论的——这个世界是一个令人忧虑、愤怒的地方还是一个安全、愉快的乐园。"如果孩子生活在一个愉快的环境中，心境自然而然就快乐；如果孩子长期生活在一个压抑沉闷的环境中，心情必然是抑郁、悲观的。所以，父母要为女孩营造一个轻松愉快的生活环境。

赢得起，也要"输得起"

成功学大师奥格·曼迪诺在其著作《羊皮卷》中曾这样写道："人的眼睛是由黑白两部分组成的，但是为什么只能透过其黑暗的部分看东西呢？因为人必须透过黑暗，才能看到光明。"其实，人生就是一个从失败慢慢走向成功的过程。所以，失败对每个人都是在所难免的，在失败面前我们能做的就是正视它、面对它，然后从失败中走出去。

人的一生总会遇到挫折和失败，同样，在女孩的成长过程中，也难免会遇到失败。让女孩从小就有面对失败的勇气，长大以后，面对各种各样的困难和挫折，她才不会手足无措，才能够从容应付。

有个小女孩，很小的时候就开始学习钢琴，她学得很认真，也很辛苦，因为，自始至终她都相信爸爸的那句话：勤劳的付出总会有回报。

可是，她第一次参加省里的少儿钢琴比赛时，却连入围的资格都没能取得。她感到很悲伤，觉得自己是世界上最不幸的孩子，吃不下饭，躲在自己的小房间里悄悄地哭。妈妈急坏了，一次次地安慰她，对她说，以后还会有机会，只要努力，就肯定能取得好成绩。

"不！"孩子把被子盖到头上，"以后，我再也不学钢琴了。"

爸爸走过来，把她从床上拉起来。她垂头丧气地跟着爸爸走到沙滩上。爸爸孩子气地递给她一根树枝，和她比赛在沙上写自己的名字，看谁写得又快又好。

她在沙上写下了名字。字歪歪扭扭的，一点也不好看。

爸爸把她刚写的全部抹掉了，让她再重写一遍。这次，她认真了些，字也写得漂亮、工整了许多。

"就像在这沙滩上写字，"爸爸似乎在对大海说话，"失误、失败都没关系，别记在心里，一切都可以重新再来。"

听了爸爸的话，她心里一下子变得豁然开朗。

经过刻苦练习，第二年，她终于取得少儿钢琴比赛的冠军。

从那以后，她迷上了在沙滩上写字。

失败了，就如她在沙上写字，一切可以重新再来；成功了，亦如她在沙上写字，过去的荣誉不会永远存在。

孩子的成长过程是个必然伴随着错误失败的过程。失败是孩子的权利，失败也是一种人生体验。教育家陈鹤琴曾说过："不要担心孩子的失败，应该担心的是，孩子为了怕失败而不敢做任何事。"在人生历程中遭遇失败、出现挫折是正常的，如果连一点点小小的失败都承受不了，是无法适应这个社会的。因此，从小培养孩子的心理承受能力，对孩子进行适当的挫折教育是十分必要的。让孩子了解失败，可以让孩子学会平和地处理失败的心情，增强承受挫折的能力，将来长大后，孩子的心态就会比较成熟，在面对失败时，会用更从容的心态准备下一次的挑战，敢于做才有可能成功。

世上没有常胜将军，孩子也不可能只胜不败。挫折和失败往往是极好的老师。父母一定要给女孩上好"善待失败"这一课，使她们善于从失败中找到开启成功之门的钥匙，从而帮助女孩从幼稚走向成熟。

1.引导女孩走出失败的阴影

学校即将举行儿童节演讲比赛，芳芳第一个报了名。报名后，芳芳在家进行了全面的准备。但比赛那天却发生了一个小小的意外。当轮到芳芳上台演讲时，她因为走得过急摔了一跤，结果影响了她后来的发挥。这次比赛，芳芳没有取得名次。回家后，芳芳将比赛的事说给妈妈听，妈妈给她讲起了刘邦与项羽的故事。屡战屡败的刘邦越败越勇，后来终于在垓下一战，打败了实力强大的项羽。听完故事，芳芳擦干眼泪，咬着嘴唇说："妈妈，你放心吧，这次失利还打不垮我，你看我下次的表现吧！"

数月之后，在国庆演讲比赛中，芳芳捧回了全校第一名的奖杯！

失败是所有人人生道路上必经的一道关口，不管是已经成功的人，还是正在向成功进发的人，都要先战胜失败，才能赢得成功。父母应该让女孩知道，想要获得成功，首先要找到战胜失败继续前进的法宝。否则，失败只会带来失望，而失望很可能会让人一蹶不振。

2.及时给予女孩鼓励和信心

当孩子遇到挫折失败时，父母应当及时去关心和鼓励孩子，给孩子安慰、鼓励和必要的帮助，使孩子不会感到孤独无助，让孩子以乐观的情绪坚强地去面对和挑战挫折，不用消极的态度去看待问题。当孩子不能面对挫折时，父母应该以乐观的情绪去感染孩子，帮助他们建立起战胜困难的信心。

圆圆有一次考得不理想，心情沮丧地从学校回来了。圆圆的父母并没有责怪孩子，而是告诉孩子，一次的失败说明不了什么，可能是身体不舒服影响了发挥，也可能是某些知识点还没有掌握熟练……成绩不理想，恰恰可以检查出自己的学习在哪些方面应该弥补，这是件好事。圆圆受到鼓励，很快从沮丧的情绪中走出来，自信地投入学习中去，在以后的学习中，圆圆总是充满了信心，对每次考试都充满了期待。

当孩子面对失败或有过错时，其内心肯定会出现自责和冲突。针对这种情况，父母要抓住时机对孩子进行正面教育，以引起孩子情感上的重视。例如，当孩子没有取得理想成绩时，父母要立刻给他们送去鼓励的话语，让孩子们增强战胜困难的勇气。要从小培养孩子别说"我不能"，面对困难要积极地想办法解决。只有让孩子乐观积极地对待生活，面对失败，不要去逃避，增强自信心，积极地面对困难，才能争取学习上的进步。当然，父母在教育孩子时也要注意感情的沟通，千万不能讲大道理、空洞说教，引起孩子的反感。

3.让女孩勇敢接受失败的结果

有的孩子在失败后消极、颓废、自卑、沮丧，从此一蹶不振，或引起不恰当的对抗行为等，这是对待失败的消极态度。父母应教育孩子防止这种消极态度，以积极态度来对抗消极态度。如果你的女儿在某一件事上失败了，绝不能责怪她、讽刺她，更不能嘲笑她，而要安慰她、鼓励她、开导她，激起她重新奋起的决心和自信心。

小丽是个10岁的女孩，钢琴弹得很好，但在参加市里举办的一次钢琴大赛时，她因为比较紧张，没有取得名次，她感到既伤心又委屈，再也不想要弹钢琴了。爸爸知道了小丽的想法，就把她带到一家有钢琴演奏的餐厅，对她说："看那个正在演奏钢琴的女孩，她的琴声不仅给别人带来了快乐，也让她自己很快乐。小丽，弹琴让你觉得快乐吗？"

小丽对爸爸说："弹琴让我很有成就感，所以我很快乐。但现在我失败了，别人会取笑我，我就不快乐了。"听了小丽的回答，爸爸又说："其实，失败对你来说并不可怕，可怕的是失败之后人们对你的嘲笑。"小丽点了点头，爸爸接着说："如果你因为别人的嘲笑而放弃弹钢琴，那你一辈子都不能从这次失败中走出来。相反，如果你勇敢地接受失败的结果，那么，下一次你就能用你的成功赶走曾经的那些嘲笑，你才能真正地从失败的阴影中走出来啊！"

听了爸爸的话，小丽感觉很有道理。于是，她又开始弹琴了。而且，她的琴声越来越动听。

由于害怕失败后他人的嘲笑，小丽差点放弃自己的爱好。但是，爸爸的话让她知道，只有勇敢地面对，她才有机会迎来下一次的成功。谁都不能逃避失败，孩子更不可能例外。所以，父母如果能让女孩从容地面对失败的结果，勇于承担失败之后的责任。那女孩就不会再对失败感到畏惧，不会在失败面前不敢抬头了。

爱上不完美的自己

我们每个人都有缺点，这世界不存在完美的人。有些人对自身要求过高，什么事都力求做到最好，对于无法达成的某些小遗憾，他们心里接受不了，无法接纳不完美的自己。其实，从心理学角度讲，存在这种心理的人多数有强迫症，人无完人，我们不需要强迫自己接纳不完美的一面，顺其自然就是最好的。

有这样一个故事：

一个农夫有两个水罐，一个完好无损，一个有一条裂缝。农夫每次挑水，完好的水罐总能把水从远远的小溪运到主人家，而有裂缝的水罐回到主人家时往往只有半罐水。这使有裂缝的水罐感到无比痛苦和自卑。一天，它在小溪边对主人说："我为自己每次只能运送半罐水而感到惭愧。"农夫惊讶地说："难道你没有看见每次回家的路旁那些盛开的鲜花吗？这些花只长在你这一边，而并没有长在另一个水罐那边。因为我早就知道了你的裂缝，并且利用了它。我在你这一边撒下了花种，于是每天我们从小溪回来的时候，你就浇灌了它们。如今，这些鲜花已给我们一路上带来了许多美丽的风景。"

这个故事告诉人们，如果能够坦然地微笑着面对自己生命中的一些缺憾和不足，愉悦地接纳不完美的自己，运用积极的思维扬长避短，充分发挥自己的潜力，同样会带来"柳暗花明又一村"的美景。

其实，每个人都有自己的优势，不必要求自己的生命完美无缺。你的孩子学习成绩一般，那么他可能在体育、绘画或是音乐方面才华出众；假使你的孩子不太聪明，那么他可能拥有灵巧的双手或是非常好的想象力。上天对待每个人都是公平的，关键是你如何去发现孩子的美丽。俗话说：金无足赤，人无完人。让女孩学会接纳自己的不完美，相信孩子会更加自信地对待生活。

"世界上并不缺少美，只是缺少发现美的眼睛"，这句话在家庭教育中也特别适用。尺有所短、寸有所长，每个女孩都有自己的长处和短处。在孩子成长的道路上，父母要有一双"慧眼"，善于发现孩子的优点，不吝啬赞赏与鼓励，更要做智慧的家长，积极引导孩子学会肯定自己、欣赏自己，增强自信、体验快乐。

1.让女孩学会认识自己

美国总统罗斯福是个有缺陷的人。他小时候是一个脆弱胆小的学生，在课堂里总显露出一种惊惧的表情。他有哮喘病，呼吸就好像喘大气一样。如果被叫起来背诵课文，他会立即双腿发抖，嘴唇也颤动不已，说起话来含含糊糊、吞吞吐吐，然后颓然地坐下来。由于牙齿有点外露，加上难堪使他一脸灰色。

像他这样一个小孩，自我的感觉通常很敏感，常常容易拒绝参加同学间的任何活动，不喜欢交朋友。他是一个自卑心理很重的人。然而，罗斯福的父母却通过鼓励和一些其他的积极的教育方法，使罗斯福树立起了很强的奋斗精神，一种任何人都可具备的奋斗精神。

他爸爸对他说："你有着别人所没有的特点，你将成为一个伟大的人！所以，你没有必要为别人的嘲笑而失去勇气。你要用坚强的意志去努力奋斗。你一定会成功的。"从此以后，罗斯福开始坚信自己是勇敢、强壮的。他用行动和坚信自己可以克服先天障碍的信念而得到成功。

罗斯福从此不再在缺陷面前退缩和消沉，而是充分、全面地认识自己，在困难之中抗争。而且他不因缺陷而气馁，而用它做动力，将它变为资本、变为扶梯，使自己登上了成功的巅峰。他当了受人尊敬的总统，在晚年，已经很少有人知道他曾是有严重缺陷的人了。

父母要引导和教育女孩对自己进行积极、正确、客观的评价，并且认识到任何人都具有自己的长处，也都会有短处或不足。因为一个人只有客观地评价自己和他人，与他们进行正确的社会比较，才有助于肯定自己，战胜自己。

2.学会欣赏自己的孩子

爱因斯坦小时候并不是一个天资聪颖的孩子。已满四岁的爱因斯坦还不会说话，很多人都怀疑他是个低能儿。但是，担任电机工程师的父亲却对小爱因斯坦非常有信心。他为儿子买来积木，教他搭房子。小爱因斯坦每搭了一层，父亲便表扬和鼓励一次。上学后，爱因斯坦仍然显得很平庸，老师曾向他父亲断言说："你的儿子将一事无成。"大家的讽刺和讥笑让爱因斯坦十分灰心丧气，他甚至不愿去学校，害怕见到老师和同学。但是父亲鼓励他："别人会做的，你虽然做得一般，却并不比他们差多少，但是你会做的事情，他们却一点都不会做。你表现得没有他们好，是因为你的思维和他们不一样，我相信你一定会在某一方面比任何人都做得好。"父亲的鼓励使爱因斯坦振作起来。

爱因斯坦的母亲贤惠能干，文化修养极高，她对小爱因斯坦也百般鼓励。有一次母亲带他到郊外去游玩，别的孩子有的游泳，有的爬山，玩得不亦乐乎，只有爱因斯坦一个人默默地坐在河边，静静地凝视着湖面。当亲友们向爱因斯坦母亲问道："您的孩子为什么总是一个人对着湖面发呆？是不是精神有问题？还是趁早带他去医院看看吧？"她十分自信地对他们讲："我的小爱因斯坦没有任何毛病，你们不了解，他不是在发呆，而是在沉思。他将来一定是个了不起的人。"

　　后来，爱因斯坦成为现代最伟大的物理学家。人们称他为20世纪的哥白尼和牛顿，并于1921年获诺贝尔物理学奖。

　　每个孩子都有自己的优点和长处，判断一个孩子的好坏，不能只是片面地取一个方面。父母要善于发现孩子与众不同的地方，要从内心里相信孩子是优秀的，让孩子在父母的赏识中发挥长处。

第七章
人际交往，
有教养的女孩
有人缘

学会交往，让女孩拥有一个好人缘

交往是人的需要，也是社会对人的要求。人是社会中的人，一个人离开他人、离开社会就无法生存。良好的人际交往能力以及良好的人际关系是人们生存和发展的基础。通过交往，人们能够互相交流信息和感情，协调彼此之间的关系，达到共同活动的目的。

与人交往是孩子的重要能力之一。社会的发展越来越需要人们具有善于与人交往合作的能力。培养孩子良好的社交能力，不仅是孩子智力发展、健康成长的需要，更是他们日后生存和发展所必备的品质。但现在有不少孩子不善交往，不会交往，甚至害怕交往，有的到了成年，还视交际如险滩，迟迟不敢把脚步迈出去。在竞争日益激烈的今天，如何让孩子走出孤独，学会交往，应是父母们需要解读的课题。

交往能力是一种驾驭生活、完善自我的能力，它对孩子的成长、个性的形成和发展具有特殊意义。一个人的个性总是在特定的社会环境下，通过与他人的交往逐步形成的。孩子兴趣的培养、能力的发展都离不开交往。正是交往使孩子有了更多的学习各种知识并获得社会经验的机会。在与他人交往的过程中，孩子逐渐理解和掌握道德行为规范、社会价值观念，学会认识别人和评价自己，渐渐地形成自己不同于他人的意识倾向、心理特点和个性品质。

一户新邻居搬了过来，布朗太太注意到他们家有一对活泼可爱的双胞胎，于是，她对自己的女儿梅莉说："宝贝，你要有新朋友了，你为什么不出去向他们打个招呼并带他们到周围转转，帮他们熟悉一下环境呢？"

梅莉歪着头想了一会儿，出去了。

但她站在篱笆旁看着那两个孩子忙忙碌碌地整理东西时，试了几次还是没有开口。

最后，梅莉回到了房间，很遗憾地对妈妈说："我很想成为他们的朋友，但我不知道该怎样跟他们搭腔。"

妈妈立刻意识到，自己需要为孩子的交往提供一些必要的帮助。妈妈没有说话，而是以实际行动来说话——她做了女儿没有做到的事。

事后，女儿说："以后我知道该怎么做了。"

人不能脱离社会而存在，孩子的生活同样离不开与人的交往，这是生长发育的自然规律。交往是孩子融入社会的重要前提。和亲近的同学、伙伴建立友谊，有利于孩子相互学习社会知识、体验社会情绪，为以后的人际关系奠定基础。通过自由平等的同伴交往，孩子能够发展自己的社会交际能力和社会判断力。

交往是人们实现合作与沟通的前提。随着社会的发展，人际交往的功能越发显得重要，一位成功学专家说：所有成功的人之所以成功，是因为他们的人际关系非常好。不会与人交往的人，在社会上是很难受到别人的欢迎的，而一个不受欢迎或不被他人接纳的人也是根本不可能取得成功的。因此，父母应当充分认识让女孩学会交往的重要性，从小鼓励女孩积极交往，从而为女孩的健康成长和将来走上成功之路打下一个坚实的基础。

1.传授女孩交往技能

王雪丽今年8岁了，刚刚上小学一年级，由于某种原因她比同龄的小朋友晚入学一年。入学后，王雪丽没有朋友，就连她的同桌小强也不愿意理他，还经常欺负她。

王雪丽把这些情况告诉了爸爸，爸爸问她："小强为什么不愿意理你呢？"

"他说我很笨，所以晚上一年学，还告诉其他同学不要理我。"王雪丽告诉爸爸。

"那你就好好读书，每门功课都要比他们好，让老师也说你好，他们就不会不理你了。"爸爸说道。

王雪丽听了爸爸的话，非常用心地学习，成绩进步很快，这让同学们都很吃惊。渐渐地，他们都不说王雪丽笨了。

可是，小强还是经常欺负王雪丽，有一次竟然打了她。王雪丽很难过，告诉了爸爸。

"小强是个怎样的孩子？你能和爸爸说说吗？"爸爸问王雪丽。

"他学习不用功，经常在学校里捣乱，上课也不好好听讲，老师让他回答问题，他什么都不会。"王雪丽说道。

"噢，那你想过在学习中帮助小强吗？"爸爸问。

"我为什么要帮他？他总是欺负我！"王雪丽不解地说。

"要想不让他再欺负你，最好的办法就是把他变成你的朋友，你觉得呢？"

王雪丽想了一会儿，对爸爸说："我知道该怎么办了。"

"好，相信你们会成为好朋友的！"爸爸高兴地说。

后来，王雪丽果然主动去帮助小强了。起初小强还有点迟疑，但看到王雪丽是真心想帮助自己，便愉快地接受了帮助。过了一段时间，小强的学习成绩有了很大的进步，王雪丽和小强也成了最好的朋友。

乔治·华盛顿大学的心理学家莱金·菲利普斯认为，许多女孩不能与他人正常交往的原因，是她们没有学会基本的人际交往技能，从而也就不能以正常的方式和别人交往。因此，父母有必要指导女孩学习一些交往的原则，应引导女孩认识到，人与人之间是平等的，在交往中需要的是尊重和理解。同时，父母还应有目标地教孩子一些语言和行为的交往方式，丰富孩子的交往策略，如教他们怎样感谢别人，怎样向别人道歉，怎样邀请同伴与自己交往，怎样参与同伴正在进行的游戏，怎样表达自己的要求和想法等。向孩子传授的应是积极、健康、正面的交往方法。引导孩子用平等、认同、分享、合作、宽容、提供、请求等方式去与同伴交往。与此同时父母自己与家人、邻里、同事、朋友的交往，可起榜样和示范作用。

2.父母要鼓励女孩多参加集体活动

曼香的学习成绩和相貌都很出众，可是在班里并不受大家欢迎。因为班级的集体活动她很少参加，例如，班里要组织一次野营活动或制作一期板报，她一般都不闻不问，只顾埋头看书、学习。大家知道曼香的字写得好，画的画也好看，因此学校组织画报展比赛的时候，班主任"钦点"曼香参加。

老师原以为他们班会在评比中获得好成绩，没想到第一轮就被淘汰了，问及其他学生，才知道曼香在制作画报的过程中，当与其他同学意见相左时，不听大家的建议，一味按自己的想法办，最后评委给出的评语是：主题分散，没有中心。

曼香不愿意参与集体活动，才导致缺乏合作意识。当她被老师要求参加活动时，又表现出个人的独断，最后导致画报展比赛失败。如果曼香的父母多鼓励她参加集体活动，或许不会有这样的结果。

参加集体活动是提高交往能力的重要途径。女孩在集体活动中，不仅可以结识许多的小伙伴，还可以在了解他人的基础上了解自己，学会用集体交往的规则调节自己的言行，学会尊重他人、信任他人、谅解他人、乐于助人，学会处理集体和个人的关系。所以，父母要鼓励女孩多参加集体活动。

3.让女孩学会自己解决冲突

人际交往中遇到矛盾是不可避免的，而善于解决交往矛盾，是高水平的合作与交往能力的标志。所以，当女孩遇到交往矛盾与问题时，应该让女孩针对问题，自己去主动交涉。然而，有些父母一见孩子之间产生了矛盾，便立即介入去平息"风波"，替孩子处理矛盾，这样很难培养孩子的交往能力。

　　放学回家后，爸爸发现女儿不太高兴，于是问她："怎么了，在学校里遇到什么不开心的事情了吗？"

　　"没有什么。"女儿回答说。

　　"那我怎么发现你不开心呢？是不是有人欺负你了？"爸爸接着问。

　　"我说过没什么了，爸爸你别管了。"女儿一边说，一边朝爸爸挥了挥手。

　　这时，爸爸发现女儿的胳膊上有条伤痕，不禁吃了一惊，急忙抓住她的胳膊，问道："到底是怎么回事，快告诉爸爸。"

　　女儿一看瞒不过爸爸，就一五一十地告诉了他。原来班上有个女同学特别霸道，经常欺负她，有几次还动手打了她。听到这种情况，爸爸十分恼怒，对女儿说："别人老欺负你，你应该还手。"

　　妈妈听到了爸爸的话，不解地说："还手干什么，打架吗？哪有你这样教育孩子的？打架根本解决不了问题。"

　　爸爸说："那你说怎么办？难道就这么老让人欺负？"

　　妈妈说："我也不知道怎么办，总之不能鼓励孩子动手打架，再说，要是孩子打不过别人，怎么办？"

　　听着爸爸妈妈的争执，女儿默默地回到了自己房间。

　　在孩子与别人发生冲突时，父母应该关心孩子自我能力的提高，要让孩子学着自己去解决问题而不是替代他出主意，更不可以教唆孩子实施暴力，否则，不仅会使他和同学之间的矛盾激化还会影响孩子的心灵成长。

　　当孩子之间产生争吵时，父母首先不要大惊小怪，而应引导孩子正确认识交往中的各种矛盾，让孩子独自去学会如何面对交往上的小问题，教给孩子一些正确的交往方法，如分享、交换、轮流、协商、合作等，让孩子学着自己解决问题。其次应该适时公正地加以引导，培养孩子勇于改错的精神，能原谅他人，在交往中，能互相帮助，具有同情心。

与人分享，是一件快乐的事

所谓分享，就是指个体与别人共同享受欢乐、幸福、好处等。它是与独占和争抢行为相对立的，不仅包括对物质和金钱等有形东西的分享，还包括对思想、情绪、情感等精神产品的分享，甚至还有对义务和责任的分担。分享是人在社会交往中需要获得的一种意识、一种能力、一种品质，也是每个人需要具备的一种美德。

古人说过的"独乐乐不如众乐乐"就是分享，如果孩子懂得与人分享，那么不仅会使别人快乐，孩子自己也会更加快乐。所以说，分享是一种快乐的体验，这就是分享的力量。

小颖准备参加学校举行的舞蹈比赛，这次她选的舞蹈是西部牛仔舞，小颖希望能借小娜的皮靴上台表演。可是，小娜心里却不怎么舍得，因为那双靴子是美国的姑妈给她寄回来的生日礼物，平时小娜也不舍得穿。现在小颖开口向自己借靴子，而且是要到舞台上蹦蹦跳跳的，要是弄坏了怎么办？那可是有钱也买不到的呀。

小娜有点犹豫了，她没有立刻答复小颖，推说自己先回去问问妈妈的意见。回到家里，小娜就把这件事情和妈妈商量了起来："妈妈，你觉得我应该借给她吗？要是弄坏了怎么办？"

妈妈没有正面回答女儿的问题，她笑着说："别人也借给你东西吧？那次，小颖还把最喜欢的芭比娃娃借给你玩了好一阵子呢。你还记得吗？"

小娜听罢妈妈的话，脸红了起来，说道："对呀，小颖对我可是从来不吝啬的，我太小气了。"

看到孩子脸红了，妈妈接着说："懂得分享，人生往往更加快乐，所以，越珍贵的东西，越要懂得与人分享。"

听完妈妈的话，小娜立刻给小颖打电话了："靴子我明天就给你拿去，你可要好好比赛，争取得第一名……"

妈妈在一旁，欣慰地笑了……

分享是孩子获取快乐的途径。一个乐于分享的孩子，很自然地能够交到更多的朋友，更加受欢迎。孩子可以从分享中真切感受到分享带来的快乐，这对他们正确理解分享以及将来形成健全人格都具有十分重要的意义。

学会分享是孩子成长发展中的一个重要的里程碑。然而，现在的女孩很多是独生女，在家庭中拥有相对特殊的地位，从小在相对封闭的、受到严密保护的环境中成长，缺乏对他人的关心和尊重，无形中形成了自私、专横、独占等不良的性格倾向。她们习惯了家长的呵护，往往以自我为中心，不知道如何去关心别人，体会不到与人分享的快乐。显然，分享不是一件易事。因为孩子的分享行为并非天生，而是通过后天的教育和引导逐渐形成的。正因如此，在女孩的成长过程中，父母有义不容辞的责任培养女孩的分享品质。

1.让女孩体验分享的快乐

分享也是一种快乐，如果父母想让女孩从心理上接受分享，就要让孩子体会分享中的乐趣。

小莹古灵精怪，家里人万分疼爱，尤其是奶奶。奶奶经常说，家里的一切都是小莹的。这样慢慢地，小莹就养成了一个坏习惯，只要是她喜欢的东西，就拿进自己房间，谁都不可以碰，否则就哭闹个不停。

每当家里买了一些好东西，小莹就会拿进自己房间。她的房间就是个小型的仓库，里面有妈妈新买的雨披、奶奶买的香皂、从妈妈头上扯下的发夹，还有新筷子等，光是梳子就有六七把，而大人却用以前的那些破梳子。当家人跟她商量从她的仓库里拿东西出来用的时候，她就会大发脾气，不准大人靠近他的房间。

随着时间的推移，小莹房间塞满了东西。于是，大人统一意见，决定要改掉她的这个坏习惯。平时，小莹很好动，家人就给她安排一些活动，让她给家人分水果、点心等，或者让她把房间里的拖把拿出来一起拖地。她每拿出一件东西，全家人都及时表扬她，或者摸摸她的头。渐渐地，小莹房间的东西越来越少，而且有时候，她还会主动拿出东西送给别人。

家长对孩子的爱无可厚非，但这种爱如果不予以正确的引导，会导致孩子认为好的东西都理所当然地属于自己，同时容易产生自私的心理。因此，父母要让孩子体验分享的快乐，让孩子学会把好吃、好玩的东西与大家一起分享，如家中的食物、用品全家人一起享用，避免孩子独占。

2.父母要愿意与人分享

父母是孩子最好的榜样。在日常生活中，父母关心别人、帮助别人，自然会给孩子潜移默化的影响。父母要做与人分享的模范，经常主动地关心和帮助别人。做了好吃的点心分给邻居尝尝，毫不吝惜地借给别人需用的物品等，这些小事都会为培养孩子的分享意识起表率作用。这些行为都无声地鼓励着孩子与人分享，这样的孩子也会有人愿意与他们分享。

3.给女孩分享的实践机会

有一个小女孩很小的时候，淘气任性，独占一切她心目中的好东西，这让父母很头疼。有一天，爸爸给她讲了一个关于过生日的故事，孩子听完故事后说："过生日我也要分蛋糕，还要分给我的幼儿园同学！"

"可是为什么要分蛋糕呢？"爸爸故意对女儿说，"为什么不把好东西全留给自己吃呢？分给那么多人多可惜啊？"女儿说："蛋糕太大了，我吃不完。"爸爸知道，这是孩子最真实的理解。他希望女儿理解到快乐需要分享的道理，可是他不知道怎么说才能让女儿明白。

后来有一次，爸爸带着女儿到一个朋友家，参加朋友儿子的生日聚会。那里有很多小朋友，整个晚上孩子们兴奋异常。朋友家准备了很多小孩子们的最爱：彩色卡通充气玩具、彩色气球、汉堡、巧克力、果汁、鲜奶蛋饼……好吃好玩的太多了，并且每个参加的小朋友都获赠了礼物。

在回家路上，女儿手里拿着玩具，嘴里吃着好吃的，一路笑嘻嘻地活蹦乱跳。爸爸认真地对女儿说："孩子，你现在开心吗？"女儿笑着说："开心！"爸爸说："你知道吗？别人分给你的不仅仅是手里的东西，最重要的是快乐，对吗？"女儿郑重地点头。从那以后，女儿不再偷着乐，而是喜欢把好听的故事、好笑的事情讲给父母、伙伴们听。

在生活中，父母应该多为女孩创造、提供与同伴分享物品的机会，让孩子在实践中学会分享。父母可以利用节假日、过生日等机会，让孩子与同伴一起玩耍，并鼓励孩子拿出自己心爱的玩具，让他体验与别人一起玩自己的玩具的快乐。事后，父母可以告诉孩子玩得高兴的原因在于和同伴一起分享了他的快乐。如果你愿意与别人分享你的快乐，以后你与同伴玩时，他们会乐意和你一起分享他们的快乐。

另外，父母也可以常提供孩子为家长服务的机会，如家里买了水果、糕点时，让孩子进行分配，教给他先分给爷爷奶奶等长辈，再分给爸爸妈妈，然后才分给自己。在这种分东西的过程当中，孩子不仅学会了与人分享，而且明白了应该尊敬长辈，关心父母。

换位思考的女孩人缘好

换位思考就是更好地理解他人，设身处地地为他人着想。一个善于为他人着想的人，身边会聚集很多的人，人们都愿意与他交往，都希望成为他的朋友，他的人生也会因此变得更加绚丽多彩，越走越顺畅。

生活中的每个人都扮演着各种各样的角色，哪一个角色都离不开与人交往，而换位思考是人与人友好交往不可或缺的因素之一。孩子一旦学会了换位思考、体谅别人、替他人着想，不仅可以更了解别人，赢得友谊，还能更好地与他人沟通。可以说，换位思考、替他人着想是孩子化解矛盾、赢得友谊与尊重的有效途径。

遗憾的是，现在的很多孩子被长辈宠着惯着，养成了自私自利的毛病，什么事情首先想到的是自己，怕自己的利益受到损失，很少顾及他人的利益和想法，不懂得站在对方的角度去为他人着想。这样一来，他们就很容易与他人产生矛盾，结下怨恨，对孩子各个方面的成长都很不利。

一位妈妈在她教子的日记里这样写道：

我给女儿买了一本《米老鼠》。下课了，她拿出杂志高兴地翻阅，这时，她的同桌起身不小心把墨水瓶碰翻，墨水洒到了杂志上，把一本精美的《米老鼠》杂志涂得脏兮兮。女儿很生气，不但让同桌赔她的《米老鼠》，还把这件事告诉了班主任老师。结果，女儿的同桌被老师批评了。

当女儿把这件事告诉我时，我想应该告诉她要宽容别人，多为别人想想，但我还是决定让她亲身体味一下被人宽容的滋味。当天晚上，女儿不小心把一碗饭打翻了，我知道教育女儿的时刻来了。于是，我大声对她喊："你怎么搞的，吃饭也不好好吃，浪费粮食，罚你今天晚上不许吃饭了。"

女儿看到我这种态度，伤心地哭了起来："我又不是故意的。"

这时，我温柔地对她说："谁都有不小心犯错误的时候，妈妈只是想告诉你，因为不小心犯了错误而不被人原谅是很不舒服的。这就如你不原谅你同桌的不小心，还让老师批评他一样。你说，是吗？"

女儿不好意思地低下了头。

如果想要女孩学会很好地与他人相处，其实很简单，父母只要教会女孩换个角度去思考问题，站在他人的角度，多为他人想一想，也许很多事情就会有很大转机，就会有不一样的结局。

孔子说过："己所不欲，勿施于人。"意思是说不要把自己不喜欢的事情强加给别人，而要设身处地地为别人着想，也就是要多为别人着想。所以，父母要教育女孩学会为他人着想，关心他人，这样才能最大限度地减少人与人之间的矛盾冲突，使每个人都能生活在关爱与幸福之中，真切地感受到大家庭的温暖。

1.父母要懂得换位思考

在日常生活中，孩子受父母的影响最大，父母是孩子的一面镜子，只要父母首先做好了，懂得换位思考，时刻都想着他人，做事、说话都站在对方的处境中来思考问题，那孩子就会从那种自私自利、时刻想着自己的人转变成时刻为他人着想的人。所以，父母首先要懂得换位思考。

一天，菁菁的妈妈下班回来后非常生气地说："这个小刘真是岂有此理！今天公司查账，发现了一个问题，原来她把前面的一个数据弄错了，害得我也跟着错了，结果我们两个一起受到单位的通报处罚，罚了我一个月的奖金呢。"

菁菁虽然不明白是怎么回事，但从妈妈的表情上，她知道妈妈受了委屈，不禁也暗暗埋怨起妈妈口中的小刘，还小声嘟囔道："我再也不到刘阿姨家玩了。"

菁菁的爸爸看到这种情况，坐在妈妈的身边安慰道："你先消消气，小刘罚了多少？"

"两个月的奖金。"

"看来小刘比你惨多了。小刘比你工作时间短吧？"

"是啊，她来单位才半年，我干了三年多了。"

"那你是她的'前辈'，是领导喽。"

"对，我一直带着她干。"此时，妈妈脸上露出一丝得意。

"那么，小刘犯一点错误也是应该理解的，谁不会犯错呢？况且她损失了两个月的奖金，心里更不好受。你作为她的领导应该替她着想，虽然主要责任在她，但你这个领导也是监督不力啊。"爸爸小心地说。

妈妈沉默了一会儿说："也对呀！下班的时候，我看小刘都哭了，我得给她打个电话。"

在电话里，妈妈安慰了小刘很长时间。放下电话，妈妈高兴了很多。

这一幕菁菁都看在了眼里，等妈妈打完电话，她不禁关心地问妈妈："妈妈，刘阿姨还伤心吗？"

俗话说：言传身教，榜样的力量是无穷的，也是最有效的。如果父母自己不会设身处地地为他人着想，那么孩子的同理心是无法建立的。作为父母，如果希望你的孩子懂得换位思考，替他人着想，就应该给孩子营造一个换位思考的环境，孩子就能从中受到启发与感染。所以，要让女孩学会换位思考，首先父母要懂得换位思考。

2.教女孩学会体会他人的感受

玲玲今年正在读小学四年级，妈妈在一所学校当老师，她经常教玲玲怎么学会换位思考，与她一起分享换位思考带来的快乐。

有一天，玲玲和妈妈一起在回家的路上看见一位趴在地上要饭的老人，这位老人身上穿着很少的衣服，而且现在正是寒冷的冬天，老人冻得直哆嗦，连话都说不出来了。这时，妈妈看着老人说道："玲玲，你看她多可怜啊！我们帮帮她吧，回家拿点衣服和吃的给她怎么样？"玲玲说："好啊，那我们快去吧！"

　　玲玲和妈妈回家给老人拿了一件非常厚的棉袄，给老人穿上了，还有一些吃的东西。过了一会儿，老人慢慢地不再哆嗦了，然后又吃了她们拿来的东西，渐渐地能开始说话了。老人非常感谢她们给她的帮助，一个劲地说着谢谢之类的话。妈妈见老人这么客气，忙说道："不客气，您这么大岁数了，还在这里忍受着饥寒，挺不容易的！"

　　看着老人不再哆嗦，能起来走动了，玲玲和妈妈感到非常高兴。此时，妈妈对玲玲说道："咱们站在了老人的角度去为她着想，真正感受到她当时有多么难受。帮助她后，我们感到很欣慰，何乐而不为呢？"玲玲说："是啊，帮助老人，使她得到了温暖，我也感到很快乐！以后，我也要和妈妈一样，学会体会别人的感受！"

　　俗话说："赠人玫瑰，手留余香。"孩子只有学会体会他人的感受，才会理解别人的想法和行为，才会对别人的痛苦感同身受，才会激起自己善良的举动。上例中的妈妈教孩子体会他人的感受，然后和孩子一起帮助了别人，也使自己得到了快乐，同时教会了孩子学会换位思考。

与人交往首要的是尊重他人

　　人与人之间的交往，应建立在真诚与尊重的基础上。哲学家威廉·詹姆斯说过："潜藏在人们内心深处的最深层次的动力，是想被人承认、想受人尊重的欲望。"渴望受人喜爱、受人尊敬、受人崇拜，这是人类天生的本性。

尊重他人，是人的一生修养以及自我内涵的表现，也是人所必须具有的品质。尊重他人，简单地说，就是一种品德。它反映的是一个人的文化素养、道德修养，同时也反映了一个人的文化底蕴。无论是在学习还是在生活中，无论是对同学、老师还是邻居、朋友甚至陌生人，都应该自觉尊重他们，因为每一个人都希望得到他人的尊重。

只尊重有社会地位的人，有财富的人，有名望的人，甚至有知识的人，不是真正的尊重，而是势利。真正的尊重是在陌生的社会里，在面对社会地位低于你的人时，依然有教养，尊重他人。

"人不如己，尊重别人；己不如人，尊重自己。"无论身处何位，尊重别人与自我尊重一样重要。所以，与人交往，不论对方的地位高低、身份如何、相貌怎样，都要尊重他人的人格，使人感到他在你的心目中是受欢迎的，从而得到一种心理上的满足，进而产生愉悦。

要想收获别人的尊重与信任，首先我们就应该懂得尊重与信任别人。很多时候，我们对待别人的方式，其实就是别人会对待我们的方式。报以敬意与信任，又怎么会得不到别人同样的馈赠呢？

有位妈妈是高级工程师，她经常在小区里碰到一个收废品的外地人，每次她都微笑着同这个外地人打招呼。外地人有些受宠若惊，因为小区里住的都是这个城市的精英人群，很多人对他视而不见，而这位女士是唯一一个主动跟他打招呼的人。孩子问妈妈："妈妈，为什么其他人都不理这位收废品的叔叔呢？"妈妈说："因为有些人认为自己的身份比他高贵。"孩子接着问："那妈妈认为自己的身份不比叔叔高贵吗？"妈妈说："是的，我们都是平等的。这位叔叔收废品是在工作，妈妈做工程师也是在工作，我们都是工作者，所以我们是平等的。"妈妈接着说："如果我们的条件比别人好，那么我们要尊重别人，不能瞧不起他们；如果我们的条件比别人差，那么我们要尊重自己，不能自己瞧不起自己。你明白吗？"孩子点点头。

尊重他人是一种美德，也是一种高尚的情操。只有尊重他人，才能获得他人对你的尊重。所以，尊重他人就是尊重自己。父母作为孩子的启蒙老师，除了要教会孩子基本的生存技能外，更要以身作则，教会孩子做人。而做人，做一个对社会有益的人，就必须学会尊重他人。

尊重别人这种品德，并不是天生获得的，它是良好的教育的结果。生活中，不少孩子不懂得尊重别人，可能是没有学会尊重，也可能没有体验过被尊重，这是家庭教育的缺陷，所以，父母要从小培养孩子尊重他人的良好品德，只要认真培养，你的孩子也一定能学会尊重别人。

1.父母要尊重孩子

世界著名教育家池田大作说："尊重孩子的人格，孩子便学会尊重人。"尊重孩子要从关心孩子入手，只有受到尊重、关心、爱护的孩子才能尊重、关心、爱护周围的人。父母在与孩子交往时，要把孩子当人看，尊重他，不能任意摆布或训斥他。在家庭教育中，父母应像尊重成人一样尊重孩子，把自己放在与孩子平等的位置上，遇到问题换个角度去想想，寻求与孩子心灵上的沟通。当孩子从父母的尊重、爱护中找到自信、自身价值的时候，他们就自然而然地学会尊重父母、尊重他人了。

2.引导女孩尊重他人

生活中，我们常会看到这样的现象：不少孩子喜欢叫别人的外号，见到别人陷入困境会加以嘲笑，看到别人倒霉会幸灾乐祸。孩子这样做，有时是因为想看热闹、好奇，有时是想开个玩笑，有时则只是盲目地跟着别的孩子做。他们并没有理解这样做是不尊重别人，没有意识到他们这样做会伤害别人的心灵。

当出现这种情况时，父母要平静地与孩子谈谈，然后有针对性地指出孩子这样做的坏处，要让孩子设身处地体会到不受别人尊重时的感觉。要让孩子知道，有教养的孩子应该同情别人，帮助别人，尊重别人。尊重别人的人才会受到尊重，尊重别人就是尊重自己。

3.尊重他人的劳动成果

教孩子学会尊重，很重要的一点就是一定要尊重普通劳动者。孩子经常出现倒剩饭、乱洒水、乱扔果皮纸屑的行为，这都是不好的表现。父母应让孩子适当地参与劳动，当他体会到劳动的辛苦时，才会尊重他人的劳动成果。

4.尊重他人的意愿

孩子应该学会尊重别人的意愿和想法，凡事不要强迫别人。尤其是当别人的看法跟自己的看法发生冲突的时候，不要强行将自己的想法强加到别人身上，要学会尊重别人的意愿。

让女孩体会合作的快乐

每一个人都无法孤立地生存在这个世界上，必然要与其他人形成一种叫"合作"的关系。合作就是大家为了同一个目标联合起来一致地行动。著名的潜能大师安东尼·罗宾指出：没有合作，就没有成功。的确，在日常生活中，谁都不可能是一座孤岛，一个人要取得成功必须学会与他人一道工作，并得到他人的支持。如果他要完成一件大事，那么也需要一支有效的、强大的队伍做后盾。在孩子的世界里，也同样如此。如果一个孩子不懂得与人合作，而是"唯我独尊""独来独往"，那么，他的生活一定是单调的，他也是一个不受人欢迎的人，因为没有同龄人和他交朋友，没有同龄人和他一起玩游戏，一起讨论学习，一起去郊游，一起参加体育活动。

琼斯还是个高中生，是学校篮球队的女篮队员，球打得相当不错，身高足以成为学校篮球队的首发队员。除此之外，她的好友玛琳也被选为学校篮球队的首发队员。琼斯比较擅长中远距离投球，一场球打下来常常能有四五个进球，这也得到了大家的赞赏。

可是，她慢慢发现，玛琳不喜欢她在球场上成为人们注意的中心，因此，无论有多好的投篮机会，玛琳都不会将球传给琼斯。琼斯非常生气，可是爸爸对她说："我有一个建议，可以让玛琳把球传给你，那就是你一得到球，就马上传给她。"

琼斯没有明白爸爸这番话的深意，很快就要打下一场比赛了，琼斯决心让玛琳在比赛中出出丑。可是，比赛的时候，当她第一次拿到球时，就听到爸爸在观众席上大声叫喊，他的嗓音很低沉："把球传给玛琳！"

琼斯犹豫了一下，将球传给了玛琳。她看到玛琳仿佛愣了一下，然后转身投篮，手起球落，2分。这时，琼斯突然产生了一种从未有过的感觉：为另一个人的成功而由衷地感到高兴！更重要的是，她知道她们的比分领先了。

赢球的感觉真好！下半场琼斯继续听从爸爸的建议，一有机会就将球传给玛琳，除非这个球适于别人投篮或由她直接投篮更好。通过团队良好的合作，这场她们以绝对领先的成绩取得了胜利。

在以后的比赛中，玛琳开始向琼斯传球，而且还像以前一样，一有机会就传给她。她们的配合变得越来越默契，两人之间的友谊也越来越深。在那一年的比赛中，她们赢了大多数比赛，不仅如此，她们两人也成了家乡小镇中的传奇人物。当地报纸甚至专门写了一篇有关她们两人默契配合的报道。当然，琼斯在比赛中的得分也比以前多了。

这次比赛给琼斯留下了深刻的印象，让她体会到了双赢想法的奥妙，通力合作、争取双赢带给她的是震撼和快乐。

一个人的能力是有限的，不可能包打天下。即便你是一个非常优秀的人，如果离开了别人的配合，也无法把自己的事情做好。不要过于争强好胜，团结他人共同奋斗，你将获得真正的成功与快乐。

随着社会的发展，分工越来越细，许多工作都被分成好多工序，一个人不可能单独完成一件事情，要成功就需要几个人、十几个人甚至成百上千人的合作。因此，团结合作越来越重要。一个不懂得合作、认识不到团结重要性的人，即使再聪明，也只能是一个"孤家寡人"。这种人不可能在将来有所作为，更不可能取得成功。因为一个人只限于自己的知识，而不懂得与人相处，那么他的潜能就根本无法施展出来。这样的话，即便是才高八斗，那也只能是闭门造车的书呆子。

学会合作是女孩进入社会、成为未来主人应具备的基本技能，也是促进女孩社会化的一个基本途径。从小加强女孩群体性与社会性的教育，培养她们主动交往、协同合作的团体意识和与人沟通、和睦相处、共同生活的社会能力是时代发展的必然要求。欧洲著名的心理分析家阿德勒认为：假使一个儿童未曾学会合作之道，他必定会走向孤僻之途，并产生牢固的自卑情绪，严重影响他一生的发展。所以父母要多引导女孩，帮助女孩树立合作意识。

1.让女孩在游戏中学会合作

孩子要有充分的自由活动时间，父母应有意识地安排、布置一些活动场景，给孩子提供要多人参与进行分工合作的游戏，让孩子懂得要共同完成一个目标，必须要互相帮助、团结合作、共同努力的道理。

星期天，黄先生让7岁的女儿小静把楼上楼下的几个伙伴以及在学校里玩得较好的同学邀请到家里。黄先生让孩子们做了一个"井口逃生"的小游戏，就是将6个拴着细线的小球放入一个瓶口很小但瓶身很大的瓶子里，每次只能将一个小球拉出来，每个孩子拉一根绳子。黄先生把瓶子比作一口枯井，每个小球代表一个孩子。几个孩子在枯井里玩耍，但枯井突然有大量的水冒了出来，大家只有5秒钟的时间从井里逃生。

就在黄先生一声令下"开始"时，6个孩子都猛地一拉绳子，结果6个小球堵死在瓶口，一个都没逃出来。第一次"井口逃生"宣告失败了。

黄先生给了孩子们3分钟的思考时间。这时，6个孩子都沉默不语，独自思考。3分钟快要到了，有个孩子欲言又止，但是黄先生叫了声"开始"。短暂的6秒钟里，他们又犯了同样的错误，依然无法逃脱枯井。

第三次"逃生"即将开始，那个想开口的孩子终于忍不住把想法说了出来，其他5个孩子也随即开口了。经过讨论、交流，孩子们表示要合作起来，按照一定的次序逃生。最后他们成功逃离了枯井，仅仅用时3秒。

看着孩子们讨论的声音渐渐多了起来，黄先生趁热打铁，把游戏蕴含的道理告诉了孩子们，那就是要学会积极合作，不能总是以自己为中心，单枪匹马，独断专行。

孩子们在游戏中的合作常常会带来积极愉快的结果，这对巩固和强化合作精神，进而产生更多的合作行为是极为重要的。但孩子自己常常不能明显感觉到，因此，每当父母看到孩子能与同伴一起友好地玩耍，或商讨或询问或建议或共享或帮助时，都要赞扬孩子的行为，并注意引导孩子去感受合作中的成功和快乐。

2.教给女孩与他人协商的技能

春节期间，亲戚家的表哥表妹来到王翔家拜年，王翔的一个亲戚骑来的一辆三轮车引起了几个孩子的注意。他们争抢着要骑车，都不甘心坐车。大壮的声音最洪亮，因为那辆三轮车是他爸爸的，于是他坚持要骑，让其他孩子坐到后面。可是伟浩、俊杰、晓敏以及王翔都不同意，于是大家都抓着车把不肯松手。

大壮急得大叫，把爸爸喊了出来。但是爸爸并没有为大壮说话，而是对几个孩子说："你们可以商量一下，再决定谁骑车，谁在后面坐着，但是要注意安全。"

王翔说："大家都坐在后面，在前面骑车是很累的，但是我愿意干这个累活！再说了，今天我是小主人，应该由我来骑车，带着你们兜一圈。"大家觉得王翔说得有道理，于是纷纷坐到三轮车的后车厢上，让王翔去骑。

人的合作意识不是天生就有的，而是在合作的过程中逐渐萌发并得到强化的，而合作技能的高低直接影响合作的进展和结果。孩子与同伴之间有许多矛盾的发生都是因为缺乏一定的合作技能。比如两个孩子都在玩过家家，而小锅子只有一个，谁都想要，就很容易发生纠纷。此时，如果父母能进行及时引导，教孩子掌握一些协商的技能，比如两人可以轮着玩，或者两人分配角色，一个烧饭另一个出去买菜，等等，孩子就会从中体验到合作成功的快乐和满足，从而激发孩子进一步合作的兴趣和动机。怎样运用适当的语言与人沟通，怎样进行条件交换，怎样对别人表达愿望和好感，怎样推荐自己，怎样拒绝别人不合理的要求，等等，这些技能都需要父母在日常生活中结合情境教给孩子。

3.让女孩学会欣赏他人

小莹的父母为人随和，深知与人合作的重要，总是以欣赏的眼光看周围的人，而且经常会说"某某真的很有能力""某某为人很谦虚""某某很能吃苦"等类似的语言。在家庭生活中，他们经常会彼此肯定，总会听到："哇！今天的饭真好吃！""小莹，你的肢体平衡能力真强！"……

在父母的影响下，小莹也会对父母说："妈妈做饭真好吃！""爸爸真有力气。"她和小伙伴一起玩耍的时候，也常常表扬他们，比如"你这根线画得太直了，真棒"。这样，即使小莹指出别人的缺点时，小伙伴也没有不良情绪。而别人批评她时，她也能正确对待，大家相处得很好。

只有能够真诚地欣赏他人的长处，孩子才能从内心深处真正愿意接受别人。只有相互认识到对方的长处，欣赏对方的长处，合作才会有真正的动力和基础。因此，父母要经常给女孩灌输这样一种思想：任何人都有自己的长处，任何人都要学会真诚地欣赏他人。当她认识到每个人都有缺点，也都有优点时，她的心态就比较平和，不会刻意地挑别人的毛病，也不会拒不接受别人对自己的批评。孩子理解了这一点，与任何人合作都会是双赢的。